Palazzo Pitti, Firenze
Galleria del Costume/1

Ministero per i Beni Culturali e Ambientali
Regione Toscana
Comune di Firenze
Provincia di Firenze
Azienda Autonoma di Turismo di Firenze
Ente Provinciale per il Turismo di Firenze
Associazione Amici della Galleria del Costume

La Galleria del Costume

Copyright 1983 Centro Di
della Edifimi s.r.l., Firenze
Centro Di cat. 169
ISBN 88 7038 077 7
Stampa: Stiav spa, Firenze, settembre 1983

Fotografie: Marcello Bertoni, Firenze
per la Soprintendenza ai Beni Artistici e Storici di Firenze.

Amici dei Musei Fiorentini
Associazione Amici della Galleria del Costume
Antonio Avila Altoviti
Azienda Autonoma di Turismo di Firenze
Chiara Baldasseroni
Banca Toscana
Fabrizio Barbolani di Montauto
Roberto Bondi
Henrik e Alette Brockenhuus Schack
Ada Businelli
Carlo e Franca Cafiero
Giorgio Calligaris
Campionaria di Firenze
Carlo e Liana Carnevali
Francobaldo e Giovanna Carrega di Lucedio
Cassa di Risparmio di Firenze
Centro di Firenze per la Moda Italiana
Pierluigi Clemente
Margherita Cosulich Malvezzi Campeggi
Raffaella De Dominicis
Salvatore Ferragamo s.p.a.
Wanda Ferragamo
Maria Fustinoni Bonatti
G. Gucci s.p.a.
Roberto Gucci
Maria Guerra
Detlef Heikamp
Maria Janesich Astori
Stefano L'Hermite
Paolina Manganzi
Venanzo Mayo
Deborah Misuri
Leone e Leda Paolozzi Strozzi Majorca
Aniko e Sandro Piacenti
Fanny Podreider
Giovanni Pratesi
Barone Ricasoli
Elisabetta Rosai
Josè Luiz Santoro
Giacomino e Giorgio Sarfatti
Paolo e Amalia Venturi Ginori Lisci
Franca Visconti di Grazzano
Sidsel Vivarelli Colonna
Laura Weil Nunes Vais

Soci Fondatori:
Amici dei Musei di Firenze
Cassa di Risparmio di Firenze
Campionaria di Firenze
Centro di Firenze per la Moda Italiana
Wanda Ferragamo
Roberto Gucci
Emilio Pucci

Nel ringraziare i donatori si fa presente che non si è potuto esporre in questa prima occasione tutti gli abiti e accessori a causa dei lunghi tempi richiesti dagli interventi di restauro. Sarà premura della direzione di esporre anche i pezzi mancanti non appena sarà possibile.

Direzione della Galleria:
Kirsten Aschengreen Piacenti

Allestimento:
direzione del Museo degli Argenti in collaborazione con l'ufficio tecnico della Soprintendenza ai Beni Artistici e Storici, con la consulenza dell'architetto Roberto Monsani, e per i problemi di conservazione, del Centro di Studio sulle Cause di Deperimento e Metodi di Conservazione delle Opere d'Arte del Consiglio Nazionale delle Ricerche, Firenze

Restauro degli ambienti:
Soprintendenza ai Beni Ambientali e Architettonici (architetto Bruno Pacciani)

Pulitura bronzi:
Opificio delle Pietre dure, Firenze

Conservazione e realizzazione abiti:
laboratorio di Palazzo Pitti (Mary Westerman Bulgarella e ditta Ruggeri)

Parrucche:
laboratorio di Palazzo Pitti (Mary Westerman Bulgarella e ditta Ruggeri)

Cappelli:
Thessy Schoenholzer, New York; dono dell'Associazione Amici della Galleria del Costume

Scarpe:
Salvatore Ferragamo s.p.a., dono della Casa

Manichini femminili:
Wacoal Corp., Kyoto

Manichini maschili:
Giovanni Hubert, Joel Nichols, ditta Antonietta Barbaro

Vetrine:
ditte Bruschi, Mariani, S.A.R.I., Firenze

Illuminazione:
ditta Fanfani Bandinelli, Firenze

Riprese decorazioni:
Decoart, Firenze

Direzione del Catalogo:
Kirsten Aschengreen Piacenti

Redazione:
Maddalena De Luca Savelli

Saggi:
Andreina d'Agliano, Marina Carmignani, Giuliana Chesne Dauphiné Griffo, Giovanna Lazzi, Ornella Morelli, Sheila Tabakoff Maguire

Schede:
Giuliana Chesne Dauphiné Griffo (con la collaborazione di Maria Carmignani per i ricami e i merletti, Mary Westerman Bulgarella per gli interventi di restauro)

Il catalogo è stato realizzato grazie al generoso contributo dell'Associazione Amici della Galleria del Costume

Sommario

Introduzione
Kirsten Aschengreen Piacenti

L'idea di dedicare un settore di Palazzo Pitti ai costumi storici è nata dalla presenza, tra le varie raccolte del Museo degli Argenti, di un nucleo di abiti settecenteschi provenienti dal Museo degli Arazzi e dei Tessuti Antichi del Palazzo della Crocetta, che li aveva acquisiti tramite donazioni. A seguito delle varie mostre organizzate per valorizzare il patrimonio tessile del palazzo, ultimamente (1979) *Curiosità di una Reggia*, è sorta la necessità di trovare una degna sistemazione a queste fragili, quanto preziose, testimonianze del passato. È apparso questo, l'ultimo momento per istituire un centro museale statale che potesse accogliere gli abiti la cui conservazione si rende sempre più difficile per le famiglie che per generazioni li hanno amorevolmente custoditi. Che questa necessità esistesse è stato confermato dallo spontaneo entusiasmo con il quale è stata accolta la nostra iniziativa: in poco tempo si è incrementata la collezione con centinaia di capi d'abbigliamento che continuano ad arrivare. Attualmente si espongono quaranta costumi completi, più otto pezzi singoli, corredati da accessori diversi che non figurano nel catalogo, di un periodo che copre duecento anni: dal primo Settecento al primo Novecento. Sono compresi abiti femminili e maschili, abiti di gala e da casa, abiti da sposa e da spiaggia, in un tentativo di illustrare la storia del costume sia pure attraverso un limitato numero di abiti.

Siamo felici di poter includere pezzi provenienti da Trieste, Milano, Bologna e Roma; ma per ora la maggior parte arriva da Firenze. L'origine è quasi sempre privata, il che ha consentito una datazione più sicura e di aggiungere notizie di carattere storico di grande interesse, per le quali siamo molto grati alla collaborazione dei proprietari. Come gruppo a sé stante, presentiamo una serie di abiti confezionati per un avvenimento tutto particolare nella vita mondana della Firenze ottocentesca: il Ballo Storico di Palazzo Vecchio del 14 maggio 1887 in occasione dello scoprimento della facciata del Duomo (cfr. il saggio di Giuliana Dauphiné Griffo). Il tema era il Rinascimento ma le interpretazioni rispecchiano la moda dell'epoca; pertanto gli abiti si inseriscono nella storia del costume e allo stesso tempo richiamano un momento di gloria per Firenze ('Firenze soltanto è capace di ideare una festa così' esclamava la regina Margherita, secondo A. Gotti, 1890, p. 79).

L'esposizione degli abiti ha presentato non pochi problemi, riguardanti sia la loro conservazione sia la loro presentazione tri-dimensionale, che andavano risolti caso per caso. Il nostro principio, per quanto concerne il restauro, è stato dovunque di intervenire il meno possibile rispettando il manufatto originario ma anche tenendo conto che i tessuti dovevano essere in grado di sostenere il proprio peso e lo 'stress' di una esposizione, anche se non troppo prolungata. Fra gli interventi particolari possiamo citare, ad esempio, il caso dei merletti lacerati, i cui frammenti sono stati riportati su un tessuto di supporto o il caso dei bottoni ricamati, andati perduti, che sono stati sostituiti con altri riprodotti in seta dipinta secondo il disegno originale. Ogni procedimento è stato corredato da una documentazione fotografica e da una relazione conservata presso la direzione della Galleria, mentre nelle schede del catalogo si dà solo una descrizione indicativa. Spesso un abito ha subito alterazioni durante gli anni, come ci riferisce anche Giovanna Lazzi nel suo saggio. In caso di modifiche moderne, queste sono state eliminate ove possibile, soprattutto dove veniva alterata la linea originaria. Cambiamenti antichi, forse addirittura dovuti al primo possessore, sono invece stati lasciati come testimonianza della storia dell'abito. Sempre nell'intento di sostenere il tessuto, abbiamo provveduto a delle sottostrutture, basate su quelle antiche, come i 'paniers', le crinoline e i 'coulisson' che servono inoltre a presentare l'abito

nella sua giusta forma. Infatti il costume esiste non solo come manufatto in sé, ma anche come fatto storico: come 'silhouette' caratteristica di una data epoca. È in considerazione di questo che abbiamo preferito integrare i costumi con i loro accessori naturali: cappelli, scarpe, guanti. In altre parole: abbiamo vestito i manichini. Questo comportava nuovi problemi strutturali ed estetici, il primo, e il più fondamentale rappresentato dal manichino stesso. Fortunatamente ne esiste sul mercato uno basato sulla figura della donna del '700 e dell'800, studiato appositamente da esperti del costume americani e giapponesi e prodotto a Kyoto. Grazie a un tempestivo intervento di Roberto Gucci siamo riusciti a ottenerne un sufficiente numero di esemplari, che abbiamo adattato anche per gli abiti del Novecento per i quali, del resto, la ditta giapponese sta già studiando un tipo speciale. I manichini maschili invece abbiamo dovuto 'inventarli' in casa e, con l'aiuto di Lorenzo Bartolini, sono stati eseguiti da Giovanni Hubert, Joel Nichols e la ditta Antonietta Barbaro. Anche le parucche sono state ideate e create da noi, usando nastri di gros grain e ispirandoci ai quadri e ai giornali di moda dell'epoca. Questi ultimi sono stati i nostri modelli pure per la posa delle figure. Per quanto riguarda i cappelli e le scarpe abbiamo preferito abbinare rifacimenti agli abiti, esponendo i pezzi originari separatamente per dare loro maggiore importanza, salvo naturalmente i casi dove un abito era corredato del suo copricapo. Abbiamo avuto la fortuna di poter contare su di un'esperta come Thessy Schoenholzer, New York, per i cappelli moderni e siamo molto grati a Wanda Ferragamo di averci fornito le scarpe, eseguite appositamente per i nostri manichini.

Per i problemi di conservazione riguardanti l'esposizione di abiti in vetrine chiuse abbiamo interpellato il Centro di Studio sulle Cause di Deperimento e Metodi di Conservazione delle Opere d'Arte del Consiglio Nazionale delle Ricerche, diretto dal professor Franco Piacenti, e per il problema di inserire vetrine negli ambienti monumentali della Meridiana abbiamo avuto l'autorevole consulenza, generosamente offertaci, dell'architetto Roberto Monsani.

Come sede espositiva della Galleria del Costume è stata individuata la palazzina della Meridiana, gentilmente ceduta per questo uso dalla Galleria d'Arte Moderna. La Meridiana, che aveva bisogno di essere valorizzata dopo il restauro effettuato dalla Soprintendenza ai Beni Ambientali e Architettonici negli anni '70, era con le sue preziose sete ottocentesche alle pareti (che come gli abiti sopportano soltanto una luce assai debole) l'ambiente più adatto a questo tipo di museo. Le strutture architettoniche risalgono in parte al tardo Settecento, al periodo di Pietro Leopoldo, mentre le sale sul retro, la grande sala centrale e le stanze ora occupate dalla collezione Contini Bonacossi sono ottocentesche; gli interni si datano per la massima parte al rifacimento sabaudo. Due brevi saggi introduttivi ricostruiscono attraverso i documenti gli innumerevoli cambiamenti dell'arredamento. Abbiamo tentato, sulla base delle ricerche archivistiche, di riportare nelle sale il mobilio e i quadri originariamente nella Meridiana, tentativo che è stato facilitato dalla disponibilità dei colleghi Marco Chiarini e Ettore Spalletti, nonché di Carlo Sisi della Soprintendenza ai Beni Ambientali e Architettonici.

La Galleria apre con un catalogo degli abiti esposti, scritto da studiosi della storia del costume dell'Università di Firenze – Giuliana Chesne Dauphiné Griffo, Giovanna Lazzi, Ornella Morelli – e di Marina Carmignani, esperta in ricami e merletti. Siamo molto grati a Maria Grazia Ciardi Dupré Dal Poggetto per questa preziosa collaborazione. Gli autori hanno non solo schedato gli abiti ma hanno anche contribuito con la loro consulenza alla realizzazione della figura vestita. Desideriamo ringraziare Sheila Landi del Victoria and Albert Museum e Janet Arnold di Londra, per i loro consigli nelle varie fasi di questa delicata operazione, come pure Grazietta Buttazzi e Alessandra Mottola Molfino di Milano e Giuseppe Cantelli di Firenze. Un caldo, particolare, ringraziamento all'amica e collega Maria Fossi Todorow, direttrice del museo di Palazzo Davanzati, per il suo sostegno e incoraggiamento.

Il 14 febbraio 1983 nacque ufficialmente l'Associazione Amici della Galleria del Costume, ma già in precedenza abbiamo potuto avvalerci dell'aiuto di Raffaello Torricelli e degli altri promotori: Francesco Cecchi, Italo De Vito, Wanda Ferragamo, Roberto Gucci, Lapo Mazzei, Emilio Pucci e Franco Tancredi che hanno seguito la Galleria in tutte le fasi della sua formazione. Il 3 marzo scorso il ministro per i Beni Culturali, On. Nicola Vernola, annunciava la volantà dello Stato di creare questo nuovo settore a Palazzo Pitti. In seguito tutti gli Enti Locali si sono associati a questa iniziativa in modo determinante, in primo luogo la Regione Toscana e il Comune di Firenze. La direzione della Galleria è profondamente grata a tutti coloro che con il loro sostegno e aiuto hanno reso possibile la realizzazione del nuovo museo. Per la loro preziosa collaborazione si ringraziano il soprintendente Luciano Berti e i colleghi Marco Chiarini e Ettore Spalletti, come anche Caterina Caneva, Giovanna Gaeta Bertelà, Giovanni Lenza, Silvia Meloni Trkulja, Beatrice Paolozzi Strozzi, Bruno Santi, Anna Maria Petrioli Tofani, nonché l'Ufficio tecnico e la Segreteria della Soprintendenza per i Beni Artistici e Storici. Un ringraziamento va anche ad Angelo Calvani, Soprintendente ai Beni Ambientali e Architettonici, insieme a Bruno Pacciani e Carlo Sisi, nonché Margherita Lenzini Moriondo, Soprintendente dell'Opificio delle Pietre Dure e del Laboratorio di Restauro, con Antonio Paolucci. Desideriamo inoltre ringraziare per il loro contributo Luciana Chiostri Corsi, Roberta Orsi Landini, Lucia Ragusi e Barbara Rocco. Non possiamo finire senza ricordare il grande lavoro di Giuliana Chesne Dauphiné Griffo, di Maddalena De Luca, Lucia e Marcello Bertoni, Renzo Ruggeri e 'la squadra del Cucinone', nonché il personale della direzione del Museo degli Argenti che con tanti sacrifici ha collaborato ai lunghi preparativi.

Note sugli arredi della Meridiana: sotto il Granducato
Andreina d'Agliano

Iniziata nel 1776 dall'architetto Gaspero Paoletti su commissione di Pietro Leopoldo, la palazzina della Meridiana subì ulteriori variazioni sotto i diversi sovrani che si alternarono al governo del Granducato. Il Paoletti eseguì circa i due terzi del fabbricato, vale a dire il tratto comprendente la Scala dei Leoni e le sei sale del corpo centrale che guardano verso il giardino di Boboli. Una commissione per l'arredamento e il riammodernamento delle suddette stanze è registrata nel 1790[1], anno in cui Pietro Leopoldo aveva previsto lavori di ripristino a tutto il palazzo. Dagli inventari di tale anno si deduce che le sale erano interamente arredate: questo assetto verrà più o meno conservato fino al 1799, anno dell'invasione francese a Firenze. Le sale si presentavano con numerosi quadri alle pareti e alcuni mobili non identificabili negli inventari successivi. Si deduce comunque che l'appartamento era abitato dalla Corte, in quanto i documenti lo definiscono 'Appartamento Sovrano della Meridiana'[2]; inoltre, una comunicazione del 5 maggio 1790, concernente la proprietà privata della graduchessa Maria Luisa, menziona il salotto della Real Sovrana e la camera da letto dei Sovrani nei mezzanini della Meridiana[3].

Lavori di ammodernamento continuano durante il regno d'Etruria e nell'epoca napoleonica, quando al Paoletti, che vi lavorò fino al 1813, si affiancò l'architetto Cacialli. Per ciò che riguarda l'arredamento, si deduce da un inventario del 1802[4] che in tale anno le stanze prospicienti il giardino di Boboli erano praticamente vuote, ad esclusione di qualche mobile sporadico e dei tendaggi alle finestre, di seta o mussolina bianca. È l'anno che precede l'inizio dei lavori commissionati dalla Reggente d'Etruria, Maria Luisa di Borbone Parma. Durante il suo regno (1803-07), il pittore Luigi Sabatelli dipinse la volta della sesta stanza con un affresco rappresentante il 'Sogno di Salomone'[5]: tale affresco sarà l'unico a rimanere intoccato nelle diverse fasi dei lavori, le quali videro un mutamento dei temi pittorici. Non abbiamo una testimonianza dell'arredo della Meridiana sotto la Borbone - Parma, dato che l'inventario successivo è del 1810, anno in cui erano già avvenuti i diversi cambiamenti commissionati da Elisa Baciocchi[6].

Sotto la sorella di Napoleone, il quartiere viene completamente riarredato. Vengono tappezzate tutte le stanze, e sono ordinati molti mobili, alcuni da farsi nuovi, la maggior parte da reperirsi fra quelli già esistenti in Guardaroba. Benché non siano ancora stati rintracciati i mobili dell'epoca napoleonica, ci soffermeremo più dettagliatamente sull'assetto di questo periodo, in quanto è quello che determinò l'aspetto delle stanze nella seconda epoca lorenese, rimanendo le tappezzerie invariate. Un documento del 24 agosto 1809 riporta: 'Relazione degli oggetti di mobilia necessari per le sette stanze del quartiere detto la Meridiana, sulla facciata che guarda il giardino di Boboli'[7]. Sussistono comunque delle differenze fra i progetti previsti dalla Baciocchi e l'effettivo arredamento, ultimato solo nel 1810[8]. Infatti, per la prima stanza dopo il ricetto di Leoni era stato previsto un 'parato di stoffa verde e bianca, con bordura rossa e bianca, quella che appunto esiste nei magazzini della Guardaroba'. A lavori ultimati, però, la camera risultava tappezzata con un 'parato in cinque pezzi di damasco color limone a righe e vitalba, di attinenza della Guardaroba'. Si accompagnavano alla tappezzeria i tendaggi in mussolina con guarnizioni di seta gialla e azzurra, sovrastata da 'due drapperie di mantino celeste messo a pieghe'. Venne commissionata una specchiera in tre pezzi, i cui cristalli furono ordinati a Parigi o a Norimberga. La specchiera rimase nella stanza anche negli anni successivi. Completavano l'arredo dodici seggioline con spalliera a lira, verniciate in color mogano e oro, ricoperte di 'amuer' a listre rasate color rubino, a cui si abbinava un sofà foderato nella stessa maniera. Tali sedie, come la maggior parte degli arredi ordinati dalla Baciocchi per la Meridiana, non sono stati fino ad oggi identificati[9].
Per la seconda stanza, 'essendo di gusto affatto diverso dal

rimanente quartiere, per renderla più elegante e conforme alle altre...' si prevedeva 'di dipingere di nuovo la volta' – verrà affrescata con l'Aurora – e 'di apporre sopra il parato attuale un altro parato, trasparente, di una specie di jute ordinario o già velo alla mosaica, messo a pieghe larghe; questo velo lascerà trasparire la stoffa e ne ammorzerà il colore troppo forte per una piccola stanza'. Infatti, la camera era tappezzata con una stoffa di un rosso molto acceso, riportato nell'inventario come arancio. Vengono anche inserite nell'arredamento quattordici seggioline, quattro poltrone e un 'canapé', tutti ricoperti d''amuer' color rosso.
Per il terzo ambiente, definito anche 'Gran Galleria', il cui soffitto era dipinto con un affresco rappresentante 'Fetonte che chiede ad Apollo di guidare il suo carro', venne scelta una stoffa 'bianca in opera con bordatura di rose, anch'essa proveniente dalla Guardaroba', mentre le tende erano bianche e arancio. Dall'ordinativo si deduce che le sedie erano 'quelle di Parigi esistenti in Guardaroba', mentre il drappo per ricoprire il sofà avrebbe dovuto essere confezionato a Firenze, ma su un disegno di Lione, 'in opera color rosa e bianco'. In realtà, si riscontravano nella stanza ventiquattro seggioline di faggio, con spalliera trasforata a frecce, ricoperte di 'amuer' color arancio e righe rasate, due sofà grandi e quattro poltrone, tutti ricoperti alla stessa maniera. Al muro si trovavano due 'consoles' con ripiano in marmo di Seravezza, e per terra un gran tappeto.
La quarta stanza, con volta a formelle con stucchi dorati, era ricoperta con un parato celeste a fiori bianchi, a cui erano abbinate le tende dello stesso colore. L'ordinativo prevedeva che l'arredamento dovesse rimanere immutato con le medesime sedie, specchio e tappeto che già si trovavano nella stanza; tale mobilia, viceversa, venne rimossa, e furono aggiunte due 'consoles' con ripiano in marmo. La quinta camera, definita 'Salotto di Ganimede' dall'affresco omonimo – che all'epoca ornava il soffitto –, risultava tappezzata di un parato a listre rasate color giallo canarino con stelle color violetto. A questo proposito, la relazione del 1809 dice: 'Il parato di questo salotto si propone di farlo tessere sopra un disegno di Lione, il cartone del quale è presso Giovanni Poggi'. È interessante notare che per la seconda volta si propone di non commissionare direttamente la stoffa a Lione, ma di farla tessere a Firenze su cartoni lionesi. Le tende erano intonate al parato, e con la medesima stoffa venne anche ricoperta la mobilia, composta di quattordici seggioline e un 'canapé'.
L'ultima stanza, con volta dipinta dal Sabatelli, avrebbe dovuto fungere da camera da letto; per essa venne commissionato un parato color arancio, tessuto a pieghe bordate di rosso, anch'esso proveniente dalla Guardaroba. Di tutti i mobili che erano stati previsti per la suddetta stanza, venne inserito solamente un comod a mezzo tondo, di disegno da farsi nuovo, otto poltrone e un letto, eseguito su disegno di Giovanni Poggi e già esistente nella Guardaroba.
Dalla relazione per l'ammobiliamento della Meridiana, si deduce che Elisa Baciocchi non volesse in realtà affrontare ingenti spese a tale scopo, preferendo servirsi di mobili già esistenti in Guardaroba oppure commissionarli ad artigiani fiorentini, benché su disegni francesi: pochi sono infatti i mobili di origine parigina.
Nel secondo periodo lorenese seguono i lavori di Pasquale Poccianti, il quale lavorò alla Meridiana all'incirca dal 1822 al 1840, eseguendo la nuova facciata a mezzogiorno, compreso l'ultimo tratto, riportato negli inventari sotto il nome di 'Nuova Fabbrica'. Approfondì inoltre il corpo di fabbrica, inserendo il Salone da Ballo, fino ad allora inesistente, una Cappella, ora scomparsa, e un vero e proprio fronte di testata verso l'Orto Botanico e la Specola[10]. Pertanto le scale centrali e quelle prospicienti il Giardino Marini avrebbero presentato l'aspetto architettonico odierno solo a partire dal 1840, anno in cui terminarono i lavori alla Meridiana.
Il Poccianti fu anche responsabile della scelta dei temi pittorici delle

sale della 'Nuova Fabbrica' – affrescate fra 1833 e 1837 ca. dai pittori Martellini, Bezzuoli, Cianfanelli e Monti[11] – nonché delle direttive per l'ammobiliamento di detto quartiere. Infatti, benché la commissione per arredare 'il quartiere nuovo' della Meridiana fosse stata conferita al Gran Ciambellano Giovanni Ginori, egli doveva accordarsi per ogni sua deliberazione con il Poccianti[12]. Per ciò che riguarda invece gli stucchi della Sala da Ballo, sono registrati pagamenti per i bassorilievi a scene dionisiache, che furono commissionati nel 1831 agli scultori Luigi Pampaloni, Aristodemo Costoli, Emilio Santarelli ed Ulisse Cambi[13], i quali lavorarono sotto le direttive del Poccianti, a cui vanno attribuite le scelte dei temi decorativi.

Le sale su Boboli non subirono in epoca delle variazioni per ciò che riguarda le tappezzerie, mentre videro dei cambiamenti nella disposizione dei mobili. Va anche aggiunto che dagli inventari del 1829 le ultime quattro stanze apparivano vuote, probabilmente a causa dei lavori che avvenivano nelle retrostanze, dalle quali furono ricavate la Cappella e la Sala da Ballo.

Nella prima sala accanto al ricetto dei Leoni vengono aggiunti nel 1815 un lampadario, una 'console' e un orologio a forma di carro, proveniente da Würzburg e oggi esposto alla Galleria d'Arte Moderna (Inv. Mobili Castello n. 3426). Nel 1829, quando ormai erano iniziati i lavori del Poccianti alla Meridiana, tale stanza venne adibita a camera da letto: sono infatti aggiunti un letto a tavola, ricoperto di 'amuer' di seta gialla, un tavolino di ebano rosa e di noce d'India, il cui piano era intarsiato a fiori di colori diversi.

Nella seconda stanza vengono inseriti durante il regno di Ferdinando III (1815-1824) due notevoli opere a scagliola e a mosaico, una delle quali recentemente riportata 'in situ': si tratta del tavolo firmato dal Montecucchi, datato 1804, con ripiano a mosaico con testa di Giove Statore e meandro alla greca[14]; il secondo era un tavolo dello Stoppioni, con ripiano tondo a scagliola. Nel 1829 – sotto Leopoldo II – i due tavoli non facevano più parte dell'arredamento, mentre venne aggiunto un letto da campo. La stanza venne così trasformata in ucamera da letto e furono inseriti alcuni mobili adatti a tale scopo, come un comodino e un 'secretaire' impiallacciato di noce e ulivo, con sportello a ribalta.

Nelle tre stanze successive non vennero operati sotto Ferdinando III cambiamenti di grande rilievo, mentre nell'ultima, nella cui volta campeggiava il Giudizio di Salomone, venne inserito un letto a baldacchino a quattro colonne di mogano, 'ornato di rabeschi e ghirlande e piccole teste di bronzo dorato; sopra le due sponde, teste di cigno per termine, in bronzo. Il letto (Inv. M.P.P. n. 16873) attualmente nella camera della Regina, aveva un cortinaggio in mussolina ricamata e foderata di 'ermisino' celeste, guarnito di un passamano a fondo arancio con ricami blu.

Queste stanze, vuote nel 1829 a causa dei lavori in corso, risultavano tali anche nel 1846, come pure tutte le altre del piano nobile. Rimarranno in questo stato finché non verranno iniziati i lavori commissionati dai Savoia per adibire il quartiere della Meridiana ad abitazione della Corte *.

* Si desidera ringraziare Laura Giusti e Fiorella Bottai per la loro gentile collaborazione sui problemi architettonici riguardanti la palazzina della Meridiana.

1) Cfr. A.S.F., IRC 2168, pag. 62 'La qui annessa relazione che ho l'onore di umiliare a V.M.A., comprende il rimanere dei lavori occorrente a riattivare, ripulire e restituire ad un aspetto più decente l'appartamento sovrano della Meridiana, i quartieri nobili del secondo piano, e finalmente qualunque altra abitazione del Real Palazzo de' Pitti'.

2) Cfr. nota n. 1.

3) Cfr. A.S.F., IRC 106, n. 90.

4) Cfr. A.S.F., IRC 1399-1400.

5) Cfr. S. Pinto, *Curiosità di una reggia*, 1979, p. 144.

6) Cfr. S. Pinto, op. cit. e A.S.F., IRC 1404.

7) Cfr. A.S.F., IRC 2737, n. 137 (questo documento mi è stato gentilmente segnalato la Laura Giusti).

8) Decorre infatti un anno fra il progetto di ammobiliamento e l'effettivo arredamento delle stanze, dovuto al fatto che nel 1810 erano ancora in corso i lavori di ristrutturazione voluti dalla Baciocchi. Infatti nelgi inventari del 1810, in data 13 aprile, si legge: 'Si tralascia provvisoriamente di descrivere il quartiere della Meridiana,... atteso il non essere giunti l'ammobiliare, mediante i diversi lavori fatti nel medesimo; da riprendersi in seguito a questa descrizione, allorquando sarà terminata' (A.S.F., IRC 1404, p. 876).

9) Nell'inventario del 1810 non ci sono riferimenti all'inventario seguente; non è stato quindi possibile rintracciare i mobili nei loro successivi spostamenti e quindi identificarli.

10) Per i lavori di Pasquale Poccianti alla Meridiana, cfr.: L. Zangheri, *Pasquale Poccianti architetto, 1774-1858*, Bibbiena 1973-74, pp. 394-395; F. Borsi, G. Morolli, L. Zangheri, *Firenze e Livorno e l'opera di Pasquale Poccianti*, Roma 1974; M. Fossi, *Catalogo del fondo di Pasquale Poccianti*, in 'Antichità Viva', 1970, n. 6, pp. 26-38; M. Conti, in catalogo della mostra *Romanticismo Storico*, Firenze 1973-74, pp. 394-395.

11) Cfr. L. Zangheri, op. cit., e A.S.F., Fabbriche 2100.

12) Cfr. A.S.F., Fabbriche 2100: in data 19.1.1833 è registrato l'incarico al Ciambellano Ginori 'di dirigere l'ammobiliamento del nuovo quartiere della Meridiana...' ed inoltre 'S.A.R. desidera che il Ciambellano Ginori vada inteso per ciò che rimanesse a farsi, coll'architetto Poccianti, che fin qui ha diretta e sorvegliata la fabbrica del quartiere medesimo'.

13) Cfr. L. Zangheri, op. cit. e A.S.F., Fabbriche 2100, n. 128.

14) Cfr. A. Gonzales-Palacios, in catalogo della mostra *Curiosità di una Reggia* Firenze 1979, p. 219.

Quando i Savoia decisero di trasferire la corte da Torino a Firenze – mossa progettata fin dal 1862[1] ma effettuata solo nel 1865 – fu intrapreso un generale riordinamento di Palazzo Pitti, compresa la Meridiana che, come si è visto, si trovava in uno stato di semiabbandono. Tra il 1862 e il 1865, anni di febbrile attività, la palazzina venne splendidamente arredata per il nuovo re, Vittorio Emanuele II (1820-78) che la preferiva agli appartamenti monumentali del Piano Nobile. In seguito fu utilizzata da Umberto I (1844-1900) e da Margherita durante la loro breve permanenza a Firenze[2], mentre l'appartamento a sud e ovest fu adibito ad uso del Principe e della Principessa di Napoli (poi Vittorio Emanuele III – 1869-1947 – e Elena di Montenegro). Nei primi anni di questo secolo fu occupato dal Conte di Torino, cugino omonimo del re[3], e dai Principi di Piemonte (Umberto e Maria Josè). Ciascuno apportò delle modifiche agli ambienti.

Con l'aiuto delle filze e degli inventari del 1860, del 1872 e del 1911[4] è stato possibile seguire le vicende dell'arredamento e i movimenti dei singoli pezzi di mobilio. La destinazione delle sale non cambia molto: le sei sale sul giardino di Boboli rimangono sale di rappresentanza, come già sotto Elisa Baciocchi e Ferdinando III. La grande sala centrale servì da sala da ballo sino alla fine del XIX secolo, per diventare poi sala da pranzo. Le stanze sul retro e sul lato meridionale avevano invece carattere più privato, con mobilio più modesto in confronto agli arredi sontuosi delle sale principali. Mentre le pareti delle sale 'private' furono o dipinte o tappezzate con carta da parati[5], le pareti delle sei sale di rappresentanza furono ricoperte di splendide stoffe in seta che in parte si conservano ancora 'in situ'. Ingenti somme furono spese per la tappezzeria e i soprammobili, mentre per il mobilio furono principalmente riutilizzati pezzi già esistenti, provenienti da altri locali del palazzo o dai palazzi di Lucca, Parma e Piacenza che venivano vuotati proprio in quegli anni[6]. Importanti commissioni furono assegnate a ditte e artigiani locali, molti dei quali avevano già in precedenza servito l'ultima corte lorenese. Cesare Vannini era il tappezziere principale che fornì parati e 'drapperie' ed inoltre ricoprì i vari mobili destinati a questi ambienti. Le ditte Solei, Prevost e Frullini fornirono stoffe, tappeti e tende. Giovanni e Narciso Colzi eseguirono mobili nuovi e restaurarono quelli esistenti. Gherardi, Salvatore e Raffaello Bianchi furono i doratori, mentre Mazzuoli & Castiglioni fornirono quasi tutte le passamanerie[7]. Fornitori di suppellettili furono soprattutto il Prinoth, Girolamo Tantini di Firenze, Matteo Betti e Giovanni Curry di Livorno[8]. Quando, nel 1865, fu terminato il riallestimento, le sale da rappresentanza devono essere apparse assai opulente per i molti mobili dorati, le 'drapperie' e le sete delle imbottiture coordinate ai parati in colori alla moda: cremisi, blu e verde, abbinati al giallo o al bianco o oro. Sui pavimenti vi erano grandi tappeti a disegno floreale, generalmente su fondo nero[9]. Stilisticamente il mobilio andava dal Rococò al Neoclassicismo, dal Neo-barocco al Neo-rococò in un manifesto desiderio di dare l'immagine di fasto alla nuova corte. Mentre la ricchezza della decorazione della Meridiana è ancora evidente nei soffitti dipinti, negli stucchi, nelle porte e finestre, rimangono solo le tappezzerie delle ultime quattro sale su Boboli, – comprese le 'drapperie', gli specchi, qualche mobile e suppellettile – a darci una impressione dell'arredamento. Le prime due sale soprattutto hanno subito alternazioni talmente radicali da non lasciare che poche tracce dell'originale.

Il parato della prima sala era originariamente di 'amuer' giallo con righe rasate, e il mobilio, bianco, parzialmente dorato, di tipo neoclassico, semplice, era coperto di seta gialla con passamaneria gialla e cremisi. Si trattava di due divani, otto sedie e sei tamburetti, di cui solo un divano esiste ancora a Pitti, ma coperto di altra stoffa (inv. M. P. P. 1911, n. 17613). Vi era inoltre un tavolo rettangolare da centro sala, fornito da Cesare Vannini insieme all'altro destinato alla seconda sala (inv. M. P. P. 1911, nn. 824, 16948[10]), ambedue tutt'ora nella Meridiana. Nel 1872 la sala viene definita 'Sala degli Staffieri' e anche il mobilio diventa più modesto. I divani e le sedie vengono sostituiti da due commodes (inv. M. P. P. 1911, nn. 22104-5), una 'console' (inv. M. P. P. 1911, n. 20705) e una panca sostituiti a loro volta da panche e tamburetti (inv. M.P.P. 1911, nn. 1368-77) attualmente nella sala d'aspetto della Soprintendenza ai Beni Ambientali e Architettonici. Sotto Vittorio Emanuele III nel 1902, vengono sostituite le 'drapperie' e nel 1905 il parato; alle pareti si mette una seta rossa, oggi ancora 'in situ', mentre alle finestre si utilizza una 'drapperia' già nel Salotto Rosso del Piano Nobile. Tra i sopramobili figurano un orologio francese del Settecento (inv. M. P. P. 1911, n. 1367) e dei candelieri ottocenteschi (inv. M. P. P. 1911, n. 1365-6).

Nella seconda sala il parato era originariamente di seta verde con fiori eseguito da Cesare Vannini. Nel 1907 venne sostituito da quello attuale, di disegno neoclassico, proveniente dalla stanza presso la Sala di Bona. Le 'drapperie' del Vannini furono rimosse già nel 1873, e le attuali vennero installate insieme al parato. I mobili – due divani, otto sedie e sei tamburetti – erano 'en suite', ricoperti di seta verde con passamanerie verdi e gialle. Sopra il camino era collocato uno specchio (inv. M. P. P. 1911, n. 1325) fornito appositamente da Sborgi, Colzi e Solci nel 1864. Pur chiamata 'Sala dei Servizi' nel 1872 (conteneva infatti due tabelle con schede e un portamantelli) continuava ad essere riccamente ammobiliata, anche se con pezzi diversi, di tipo neoclassico, provenienti da Lucca. Vi si trovava anche la 'console' con piano in scagliola del 1780 ca. (inv. M. P. P. 1911, n. 21690), , in seguito trasferito alla Sala delle Arti ma ora rimessa in loco. Anche il terzo riordinamento, prima del 1911, conserva lo stile neoclassico, con mobili provenienti da Lucca nel 1865 (inv. M. P. P. 1911, nn. 1333-46).

Con la terza sala si entra negli ambienti in cui l'aspetto rispecchia maggiormente quello del 1865, in quanto parato, 'drapperie', specchi, 'console' e angoliere sono rimasti 'in situ'. Il tavolo rotondo, originariamente in coppia con l'altro oggi nel Salotto del Re al Piano Nobile, fu fornito appositamente per questo vano da Cesare Vannini (inv. M. P. P. 1911, n. 1287-8[11]). Lo splendido mobilio neoclassico (inv. M. P. P. 1911, nn. 10654-64) si trova invece oggi, ritappezzato, nella Sala Celeste sin dall'inizio di questo secolo. I soprammobili, come descritti nel 1872, consistevano in quattro grandi vasi Neo-barocchi di porcellana (inv. M. P. P. 1911, nn. 10687-8, 11162-3[12]), sei candelieri (inv. M. P. P. 1911, nn. 10744-5, 11868-9, 17062-3) e un orologio francese acquistato dalla corte lorenese nel 1854 (inv. M. P. P. 1911, nn. 1286 bis). Il mobilio coperto di velluto di seta cremisi, oggi nella sala, era presente già nel 1911, insieme a due candelieri (inv. M. P. P. 1911, n. 1282-3), venuti a Firenze da Würzburg nel 1814 con Ferdinando III.

Anche la quarta sala conserva il suo parato, le 'drapperie' e lo specchio, originari del 1864. I mobili 'en suite', di stile neoclassico (inv. M. P. P., 1911, nn. 12321-35), furono trasportati, dopo essere stati ricoperti in seta gialla come le pareti, nella Sala Gialla della Regina al Piano Nobile. Al loro posto ne furono sistemati altri coperti di seta verde, rimossi anch'essi in seguito. La sala abbondava di tavole e tavolini sui quali si trovavano candelieri e sopramobili neo-barocchi acquistati negli anni 1850/60 dalla corte lorenese[13]. L'orologio francese del primo Ottocento, che stava sul caminetto, veniva sostituito nel 1911 da uno rococò, di Béeckaert, del XVIII secolo (inv. M. P. P. 1911, n. 1214), ma il carattere della sala rimaneva sostanzialmente lo stesso.

Nella quinta sala, tappezzata come è attualmente, Vittorio Emanuele II aveva fatto sistemare alcuni mobili acquistati all'Esposizione Italiana del 1861: un canapé, due poltrone e sei sedie (inv. M. P. P. 1911, nn. 13162-70), riccamente intagliati e dorati, ricoperti in velluto di seta cremisi, eseguiti dai Fratelli Levera di Torino. Nel 1911 risultano trasferiti al Salotto del Re per essere poi portati in magazzino. Sempre dalla manifattura dei Fratelli Levera era il tavolo in stile neo-rococò (inv. M. P. P. 1911, n. 1397). Una ricca selezione di sopramobili neo-barocchi, comprati per la corte lorenese, completava l'arredamento[14], che viene radicalmente alterato sotto Vittorio Emanuele III in stile prevalentemente neoclassico, ma comprendente un tavolo di Amerigo Viti (inv. M. P. P. 1911, n. 1176) acquistato all'Esposizione Italiana del 1861.

A differenza delle altre sale, nella sesta e ultima fu impiegata una stoffa già esistente nel magazzino del Fondaco del Palazzo. Si tratta di una seta bleu e oro, ordinata a Lione nel 1833 per un altro quartiere, ma mai utilizzata[15]. Originariamente destinata per la sala precedente, fu assegnata solo all'ultimo momento alla sesta. Il mobilio, ricoperto della stessa stoffa, fu portato in magazzino prima del 1911, e mandato a Roma in seguito. Un tavolo comprato all'Esposizione Italiana del 1861 (inv. M. P. P. 1911, n. 13175) era in stile neo-rococò mentre altri due erano neoclassici. Tra i sopramobili si riscontrava la stessa varietà di stili, con un orologio francese del 1810 ca. (inv. M. P. P. 1911. n. 16481), candelieri ottocenteschi (inv. M. P. P. 1911, n. 2139-40) e vasi di porcellana neo-barocchi (inv. M. P. P. 1911, n. 18488-9[16]). Sotto Vittorio Emanuele III invece la sala ricevette un'impronta più semplice con un 'canape' e sedie ricoperti di pelle marrone e mobili di ebano di mogano.

I continui spostamenti dei mobili del Palazzo e il loro conseguente riadattamento (per quanto riguarda la tappezzeria), non hanno consentito il ripristino dell'arredamento originario della Meridiana nel periodo sabaudo. Ma, dove è stato possibile, gli oggetti sono stati ricollocati negli ambienti che oggi ospitano la collezione dei costumi storici di Palazzo Pitti.

1) Archivio di Palazzo Pitti, Ordini e Affari 1862, cartella 25, intitolata 'Ordini e Documenti diversi riguardanti l'immobiliamento del Quartiere della Meridiana'. Questo documento comprende preventivi e contratti di lavoro.

2) Nel 1887, anno del Ballo Storico, l'*Illustrazione Italiana* riportò la riproduzione di una fotografia Alinari della 'Camera della Regina alla Meridiana', II° numero straordinario, maggio 1887, p. 16.

3) Cfr. cat. *Curiosità di una Reggia*, 1979 n. 11, p. 238.

4) Conservati nell'Archivio di Palazzo Pitti, v. anche nota 1.

5) Le stoffe che attualmente coprono le pareti nelle stanze a ovest e le scale che ospitano la collezione di Contini Bonacossi sono dovute al restauro effettuato negli anni 1970-74.

6) Quando Lucca fu incorporata nel Granducato di Toscana nel 1847 cominciò lo sgombero dei palazzi reali e una grande quantità di mobili, parati e tappeti fu mandata a Firenze per essere utilizzata a Palazzo Pitti e nelle ville reali. In seguito all'Unità d'Italia i palazzi e le ville del ducato di Parma, di Piacenza e di Modena furono ugualmente spogliate e il mobilio trasferito a Torino, Firenze e Roma (cfr. C. Briganti, *Curioso itinerario delle collezioni ducali parmesi*, Milano 1969; S. Eriksen, *Porcellane francesi a Palazzo Pitti*, Firenze 1973; cat. della mostra *Curiosità di una Reggia*, Firenze 1979; cat. della mostra *Porcellane dell'Ottocento a Palazzo Pitti*, Firenze 1983).

7) Cfr. nota 1.

8) Cfr. *Curiosità di una Reggia*, op. cit. e *Porcellane dell'Ottocento a Palazzo Pitti*, op. cit. Le fatture e 'giustificazioni' per oggetti acquistati per la corte dal 1860 in poi si trovano presso l'Archivio di Palazzo Pitti e presso la Biblioteca della Soprintendenza ai Beni Ambientali e Architettonici di Firenze.

9) I tappeti consegnati da Vannini e Solei per le sale dalla seconda alla sesta furono mandati a Roma nel 1872, in seguito al trasferimento della corte nella nuova capitale italiana.

10) Cfr. nota 1. È incluso un disegno a matita di questo tavolo che è praticamente identico all'altro fornito da Vannini per la seconda sala.

11) Crf. note 1 e 10. Nel documento esiste anche un disegno per questo tavolo.

12) Cfr. *Curiosità di una reggia*, op. cit. n. 100, p. 226, e *Porcellane dell'Ottocento a Palazzo Pitti*, op. cit., nn. 33-34.

13) Cfr. i due flaconi da profumo a forma di statuette, inv. M.P.P. 1911, nn. 1156-7, comprati nel 1856 per il 'Quartiere degli Augusti Sposi' (*Porcellane dell'Ottocento*, op. cit. n. 37).

14) L'inventario del 1872 menziona un orologio ottocentesco di Lepante (inv. M.P.P. 1911, n. 1173), una Veilleuse in porcellana (inv. M.P.P. 1911, n. 7628), una statuetta che serviva da tabacchiera (inv. M. P. P. 1911, n. 20681) e due vasi da fiori (Inv. M.P.P. 1911 nn. 20169-70). Gli oggetti in porcellana figurano ai nn. 36, 48, 44 del cat. *Porcellane dell'Ottocento* op. cit.

15) Cfr. R. Orsi Landini, cat. *Città degli Uffizi*, Firenze 1982, pp. 157-8.

16) Cfr. *Porcellane dell'Ottocento*, op. cit. n. 41.

Del fenomeno moda si sono occupati in tanti – scrittori, letterati, storici, storici dell'arte o meglio del costume, predicatori, moralisti, psicologi, linguisti, persino medici – e la moda occupa vastissimi settori della produzione industriale e artigiana – dallo stilista che progetta all'équipe che realizza, dalla sartoria alla produzione di serie, alla divulgazione mediante i mass-media, alla pubblicità, alle riviste specializzate, ai settori dedicati agli accessori – fodere, bottoni, ornamenti ecc. E chi ne usufruisce? Tutta l'umanità, un insieme eterogeneo per distinzioni razziali, economiche, geografiche, socioculturali. Districarsi all'interno di questo mondo variato ed estremamente sfaccettato non è impresa dappoco, anche perché è un mondo in perenne movimento. 'La moda, la quale sa quanto mutabile sia il capriccio delle signore non ardirebbe offrirci una moda uguale ad una già presentata' sentenziava una rivista ottocentesca[1]. Ma studi anche attendibili e relativamente recenti hanno dimostrato che in fondo la moda è un sistema e come tale è regolato da leggi ben precise; basta scoprirle rintracciare i ritmi secondo cui si muovono i cicli di moda, distinguere le variazioni dal tema principale, enucleare le cause in presenza delle quali si producono certi effetti, quindi, in una parola, stabilire il codice vestimentario. 'Il fine del sistema della moda' scrive Barthes[2] 'è proprio questa riduzione difficile del molteplice all'uno; da un lato bisogna infatti preservare la diversità dell'indumento, la sua discontinuità, la profusione delle sue componenti; e dall'altro disciplinare questa profusione, imporle un senso unitario, nella specie di una mira unica'. Il che significa che al di là delle aggregazioni e disgregazioni di elementi esiste come 'unicum' la struttura dell'abito; viene comunque salvaguardato il prototipo di moda, quel 'quid' del tutto immaginario e al di fuori del reale, lo scheletro sul quale la fantasia del singolo e del gruppo si sbizzarrisce con un'infinita serie di modificazioni. Quando, alla fine dell'indagine, siamo riusciti ad isolarlo, liberandolo dalle innumerevoli incrostazioni delle sue varianti, allora possiamo dire di aver ricostruito la struttura di quel modello di poter iniziare a scrivere una pagina di storia della moda. 'Se la previsione di moda è illusoria' scrive ancora Barthes 'la sua strutturazione non lo è [...] se si potessero paragonare delle silhouettes (cosa che la moda scritta non consente) si coglierebbe senza fatica il ruotare dei tratti di moda'. All'interno di ogni moda esiste infatti una tendenza generale che dà impronta (es. 'l'ampiezza è indirizzo d'inverno') e una o più serie di variazioni circoscritte e particolari, riferite a connotazioni precise di linea, ma pur sempre generalizzabili anche per modelli diversi. La tendenza degli abiti del 1875 è 'disegnare la vita quandanche affettino la forma ampia o di soprabito. Al contrario il soprabito tuino mantiene il taglio della schiena perfettamente dritto in mezzo [...] questo vestimento è per così dire classico e non conta tra i tipi di gran novità'[3]. Quindi nel panorama della moda dell'inverno 1875 il soprabito tuino costituisce una variante alla tendenza generale; ma 'La forma tuino offre d'altronde anch'essa un tipo che scava la vita'. Dunque nello stesso anno e nella stessa stagione coesistono due modelli di tuino: uno che segue la forma classica e uno che si modifica in sintonia con la tendenza generale di moda. L'esempio indica assai chiaramente con quanta cautela ci si debba muovere in mezzo a questo affascinante giuoco di scatole cinesi che è l'abbigliamento.

Eppure la moda, anche come storia, ha una coerente struttura e se non riusciamo sempre a percepirne le categorie quando si attualizza, è perché proprio il linguaggio costituisce spesso una sovrastruttura, che ne camuffa e confonde il vero ritmo.

Se c'è del vero nell'ironica indagine di Rudofsky[4] l'abito è il quid che permette all'uomo di rendere 'compiuto' il proprio corpo imperfetto e il linguaggio della moda diventa allora un vero e proprio mezzo di comunicazione e di comportamento. Infatti la moda è un sistema di segni significanti, il modo più diretto, perché più immediatamente percepibile, di esprimersi al di là della parola. Un corpo rivestito di un abito sprigiona una quantità di messaggi che vivono in rapporto al ciclo di moda del momento e si caricano di una simbologia talvolta scoperta, talvolta estremamente sottile. Il giovane beatnik degli anni 68-70 intendeva dimostrare con i jeans sdruciti ed i capelli lunghi la sua sfida al conformismo, al 'sistema' che prevedeva la giacca e lacravata. Il fuori moda o meglio l'anti moda del momento creava in realtà una moda, quella appunto del 'casual', che veniva a costituire la 'divisa' di un certo gruppo, unito da affinità ideologiche e culturali. Alla base della moda è sempre un duplice impulso, quello di adeguarsi ad un modello, quindi di attestare l'appartenenza ad un gruppo e quello di diversificarsi, protestando la propria individualità. I sociologi affermano che quando una moda si stabilizza diventa costume[5] e distinguono le mode stabili, caratteristiche di gruppi più ampi e rappresentativi, da quelle passeggere di solito frutto di un momento di contestazione. I cambiamenti di moda, soddisfacendo al desiderio di distinzione e di prestigio, dipendono per lo più dalla cultura prevalente e dagli ideali che la informano e dunque il linguaggio dell'abbigliamento, tramite le forme significanti prescelte, intende esprimere messaggi che corrispondono a precise posizioni ideologiche. Trattandosi di un codice trasmesso per immagini, più labile e variabile di quello della comunicazione verbale, il codice vestimentario appare spesso profondamente legato alla situazione contingente e pertanto non sempre facilmente identificabile. È necessario ricostruirlo mediante una fitta rete di corrispondenze, che devono adeguarsi reciprocamente come le tessere di un mosaico. Se, come sostiene Flugel[6], pudore, protezione e decorazione sono le molle fondamentali che spingono l'uomo a dedicare tanto spazio all'abbigliamento, tuttavia l'interesse dei sociologi, psicologi e anche degli storici si è prevalentemente appuntato sull'aspetto decorativo, elemento significativo di diversificazione, che ben si presta ad una indagine motivazionale.

Anche nelle epoche in cui gli ornamenti sono meno vistosi basta un particolare curioso per risvegliare il fattore esibizionistico, sovente di carattere sessuale. L'enfasi di cui si caricano certe parti del corpo non è mai casuale, ma vive in piena rispondenza con il momento in cui nasce una moda. Le curiose calzature medioevali dalla punta allungata, le famose 'poulaines', sono state spesso citate come esempio di una sottile allusione fallica, ma, dal momento che le dimensioni della punta variavano a seconda della condizione sociale di chi le indossava, erano evidentemente considerate anche come 'status symbol'. D'altronde la brachetta, noto complemento dell'eleganza maschile dalla fine del '400, in cui il riferimento alla virilità è scopertissimo e sottolineato senza reticenze, corrisponde all'esaltazione dell'uomo – maschio secondo gli ideali filosofici ed etici del Rinascimento. Machiavelli nei Capitoli per una compagnia di piacere giungeva ad invitare, con provocatoria ironia, un uomo che si creda bello a mostrare 's'egli avesse nella brachetta fazzoletto o simile cosa'! In tempi più moderni, poi, il taglio alla maschietta, alla cui moda le donne degli anni '20 sacrificarono le chiome, vanto secolare della bellezza muliebre, o le minigonne del nostro recente passato, contengono altrettanti messaggi sulla condizione femminile, vessilli di emancipazione e anticonformismo.

Allontanare l'idea del sesso o richiamarla è sempre stato un dilemma della moda attraverso i secoli e talvolta è stato risolto, in una specie di inconscio compromesso, per cui gli attributi sessuali sono stati talmente nascosti da enfatizzarli[7]. Niente sembra più contrario all'esibizione sessuale della moda ottocentesca del busto rigidissimo e della crinolina eppure il movimento impresso nel camminare alle gonne gonfiate dai cerchi sprigionava una sottile carica erotica, mentre le costrizioni meccaniche delle stecche del busto mettevano in risalto certe caratteristiche della figura femminile (il seno e la vita assottigliata in modo innaturale), evocando l'idea di una donna schiava e oggetto di conquista. Alla stessa maniera quando la donna si è impadronita dell'elemento primario dell'abbigliamento maschile, i pantaloni, la reazione dell'uomo è stata la rimozione drastica di ogni traccia di femminilità dal proprio vestire, la rinuncia all'ornamento. In ogni modo l'uomo ha sempre tentato di modificare la forma naturale del suo corpo, mettendo in evidenza alcune zone e nascondendone altre alternativamente. All'ampiezza della gonna si contrappone di solito l'esilità della vita, oppure l'arrotondamento del seno interviene a controbilanciare l'esagerazione delle forme posteriori. Nell'ultimo ventennio dell'800 venne di moda, oltre a un busto speciale che mediante rinforzi metallici e imbottiture costituisse una 'gola di piccione', un vero e proprio petto finto ('gorges postiches' o 'trompeuse') che equilibrasse le curve posteriori accentuate dal sellino.

I periodi di trasformazioni socioeconomiche, comportando la sostituzione di modelli culturali, coincidono spesso con le trasformazioni dell'abbigliamento, dal momento che l'abito evidenzia in modo appariscente diversità di classi e di censo. La toga romana è forse il più antico esempio di abito che suggelli in modo consapevole una rigida distinzione di classe, mediante la differenziazione di ornamenti. La 'toga candida' era infatti riservata ai candidati alle cariche pubbliche, la 'praetexta', adorna di una fascia di porpora, veniva indossata dai sacerdoti, dai magistrati ed anche dai giovani fino ai diciassette anni, la 'picta', preziosamente ricamata d'oro e tessuta di porpora, era il segno che distingueva il condottiero vittorioso, mentre la 'toga vitrea', di velo trasparente, costituiva il vezzoso ornamento dei Romani più effeminati; la 'toga pura', infine, priva di ornamento, era indossata dopo il diciassettesimo anno di età, quando, con una grande festa per celebrare la raggiunta maturità, il romano offriva agli dei la 'praetexta'. Nel XII secolo, invece la differenza di censo era indicata dalla quantità di stoffa impigata per confezionare l'abito e in seguito dagli strati di vesti sovrapposte: i ceti più bassi si coprivano con un solo abito mentre i più ricchi portavano, sulla camicia, la veste, la sopravveste, il mantello ecc. Si scoprono così, tramite la moda, differenziazioni in verticale nella scala dei valori sociali, determinate dalla diversità di classe, e in orizzontale, all'interno della medesima classe, dovute all'individualismo del singolo o, più spesso, del gruppo; in entrambi i casi si attesta comunque l'esistenza di forze divergenti, il desiderio di rinnovamento (magari per riconquistare prestigio perduto), l'indebolirsi del predominio di una classe o gruppo.

Quando infatti una moda comincia a affermarsi subito viene imitata, si diffonde e inizia la sua più o meno lenta agonia: il conformismo uccide la moda, l'anticonformismo la crea. 'L'oggetto è alla moda' afferma Simmel 'finchè è usato in un dato tempo solo da una frazione di un certo gruppo mentre la stragrande maggioranza si avvia appena ad adottarlo'. Si creano così dei cicli, che si succedono uno dopo l'altro, scandendo cronologicamente il ritmo della moda e imponendo all'abito connotazioni formali e strutturali, che lo distinguono da quello in uso fino allora. La moda si presenta dunque come un fenomeno periodico, le cui variazioni avvengono in sequenze più o meno regolari. Fattori gerarchici o di classe o d'ambiente determinano modificazioni assai irregolari e difficilmente prevedibili, mentre le stagioni dell'anno delimitano scansioni facilmente individuabili, che si ripetono con ciclicità costante, allo stesso modo delle ore della giornata, pur se soggette a cambiamenti anche sostanziali a seconda delle occasioni.

I giornali di moda della seconda metà dell'800, momento di estrema codificazione, offrono un vero e proprio campionario di abiti adatti a tutte le situazioni in cui l'uomo e la donna possono venire a trovarsi nel corso della giornata, durante tutto l'anno. 'L'estate' scrive il *Bazar* del 1871 'si vive molto alla campagna; bisogna dunque scegliere toilette adatte. Alzandosi di buon'ora si usano volentieri abiti freschi e leggeri. Quelli da mattina saranno in percallo, tela d'Irlanda o mussolina stampata. La fattura più semplice per questi abiti fondo bianco o fondo crudo è la gonna ad alto volante, a cannoncini ed il corsetto casacca a baschina con guarnitura a cannoncini tutt'attorno maniche semilarghe.. Il costume d'escursione o di viaggio deve farsi in tessuto più solido e più resistente'. Dai deshabillé, i matineé, le vestaglie di quando ci si alza, la giornata è fitta di possibilità: ecco gli abiti da casa, quelli da casa per ricevere, d'appartamento, da visita, da pranzo, da gran pranzo, da ricevimento, da passeggio, quelli per occasioni mondane come le corse, la soireé (piccola soireé, soireé, gran soireé), il teatro, il concerto, il gran concerto e poi il ballo, ove si distingue addirittura la festa a cui si partecipa per divertirsi ed è preferibile indossare un abito non troppo lungo per agevolare i movimenti, da quella ove si va per 'farsi vedere', cioè il ballo ufficiale quando lo strascico è di prammatica[8].

E ancora, questa volta in riferimento alle varie località in cui ci si può spostare durante il corso dell'anno – non dimenticando naturalmente un costume da viaggio – ecco le toilette da città, da campagna, da villeggiatura, da città d'acque, da spiaggia, da villa. Per lo sport i costumi da amazzone, quelli per giochi campestri, e persino l'abito adatto per 'escursioni mattinali'. Per l'uomo maggior spazio è dedicato alla tenuta da caccia. Nel *Giornale dei Sarti* del 1875 si legge che 'l'abito da caccia permette certe originalità' ma deve essere di forma semplice, facile a portarsi e solido; si distinguono i modelli per le grandi cacce in carrozza, che permettono una certa varietà di tagli, nonché la caccia al tiro 'a piedi, di buon mattino, senza tante cerimonie con qualche amico e con qualche contadinello che serve da snidatore e portacarniere'.

Ci sono poi occasioni estremamente particolari, anzi uniche nella vita, che richiedono un abbigliamento veramente di circostanza e per le quali le variazioni si impongono ancor oggi, nella nostra società più smitizzata, come si imponevano nei secoli passati: le cerimonie, il matrimonio, il lutto. Quest'ultimo, che va scomparendo nell'abbigliamento moderno, era invece estremamente codificato nei secoli passati. Nell'800 si distingue tra lutto, mezzo lutto e lutto profondo. Nel maggio 1871 il *Bazar* annota candidamente: 'per mezzo lutto le tinte grigie sono di un effetto piacevole, cogli orli bianchi e disegni neri. Si porteranno anche da quelle che non sono in lutto perché il nero è molto alla moda'.

Anche per gli accessori gli ordini di moda sono tassativi e seguono le medesime leggi di variazione. Eccone un esempio: 'I cappelli da città sono decisamente diversi dai cappelli da teatro. Il cappello rotondo coperto di velluto pieghettato è il più portato dalle signore eleganti. Il tocco con orlo di pelo è diviso tra le giovanette e le signorine, che non abbandonano ancora i cappelli Rubens rialzati e così civettuoli... Le cappotte in velluto in raso guarnite di fantasia si portano scure di giorno e chiare la sera'.

Dalla lettura di questo articolo del *Bazar* del 1871 emerge immediatamente un altro fattore di grande importanza nelle variazioni di moda: l'età. Dell'influenza della fascia generazionale si è tenuto conto fin dall'antichità, come già abbiamo notato nel ricordato caso della toga romana. Qualche secolo più tardi, alle soglie del '600, il famoso libro del Vecellio[9] illustra solo tra le fiorentine 'le matrone più principali', le 'nobili giovani', le 'maritate da poco tempo', le 'giovani maritate da più anni', le 'citelle nobili', le 'donne di mediocre età', mentre informa che le donzelle nobili di Venezia non portano ornamenti finché non sono grandicelle, ostentano gioie e vesti preziose dopo che sono sposate e, giunte all'età matura, di nuovo si spogliano di ogni orpello. Le leggi suntuarie ribadiscono nei secoli le differenze di disposizioni tra adulti e non. Nella codificatissima e splendidamente documentata moda ottocentesca si attesta una sequenza estremamente precisa di distinzioni per età, addirittura 'ad annum'. Incontriamo abiti espressamente dedicati a bambini di

due-tre anni, da cinque a sette, fanciulle da sei a otto, da nove a dieci, giovinette di tredici-quattordici anni, signorine di diciotto o venti e infine giovani signore, signore, signore in età, signore attempate per le quali l'età anagrafica non si specifica più. Estremamente rigorosa, poi, la distinzione tra signora e ragazza, ove interviene il problema dello status sociale, cioè la differenza di condizione civile che il matrimonio offriva alla donna. 'Per signore sono sempre i broccati' raccomanda *Margherita* nel 1882 'i velluti, le felpe e simili stoffe ricche e pesanti che vengono adoperate per vestiti da ballo: le ragazze devono invece scegliere stoffe più leggere e approfittare delle graziosissime guernizioni che si usano quest'anno onde renderle eleganti'. Oppure 'Le signorine non portano abiti così lunghi come le signore. La loro tolette per sera si compone in generale di un abito a due gonne: la prima adorna di un volante, la seconda formante tunica a paniere e di un corsetto scollato ed a baschina'[10].
La donna nella maggior parte delle società trae il proprio status dal rapporto con l'uomo, pertanto in un tipo di cultura come quella ottocentesca la giovane signora diventava il simbolo del potere economico e sociale del marito e il suo abbigliamento lo doveva rivelare. Le era infatti concesso di sfoggiare le sue attrattive con scollature audaci o con l'esibizione di tessuti vistosi e pregiati, mentre alla ragazza si imponeva di mostrare il candore verginale, ostentando una grazia ingenua e modesta. In altri tipi di cultura si assiste ad un ribaltamento dei valori: alla ragazza che deve conquistare il maschio, è concesso un abbigliamento più disinvolto mentre la donna sposata, che ormai ha rinunciato ad altri uomini, sottolinea con una maggiore sobrietà il suo decoro e la sua rispettabilità.
L'evoluzione della moda non segue, dunque, un andamento rettilineo ma è soggetta a tutta una serie di interferenze e riprese: gli attributi o le denominazioni che si incontrano nelle cronache o nei giornali puntualizzano altrettanti momenti densi di significato. L'abito all'ungherese che Ippolito de' Medici indossa nel celebre ritratto di Tiziano vuol certamente alludere alle vicende personali dell'effigiato, ma allo stesso modo delle vesti alla turca, sottolinea il fascino dell'esotico a cui la moda da sempre si è mostrata sensibile. Qualche volta sono stati gli artisti a dettare la moda come nel caso del cappello alla Rubens, le pieghe alla Watteau o l'abito alla Werther; altre volte è un avvenimento storico che crea il pretesto. La così detta cravatta a la 'Steinkerque' deve il suo nome alla battaglia di Steinkirchen (1692) quando gli ufficiali francesi, colti di sorpresa, non vollero perder tempo nell'elaborata operazione di farsi il nodo alla cravatta e la lasciarono negligentemente avvolta intorno al collo. In altri casi si assiste invece a veri e propri revival, dovuti a scelte personali e quindi non generalizzate come la collezione presentata da Rosa Genoni all'Esposizione milanese del 1906 tutta ispirata a celebri opere d'arte (le statuette di Tanagra, i disegni del Pisanello) oppure legati alla rivalutazione o al culto di un personaggio, come la moda diffusa dall'imperatrice Eugenia sul modello della corte di Maria Antonietta, a proposito della quale un giornale del 1871 (*Il Bazar*) commentava: 'Presso a poco la tolette delle signore non è in oggi che una copia di quella in voga un secolo fa, cioè verso la fine del regno di Luigi XV e al principio di quello di Luigi XVI. Così per esempio noi abbiamo le enormi pettinature in capelli, poco o punto di cappello, gli abiti rialzati, i panieri, le gonne molto guarnite, gli stivaletti a talloni alti, le fibbie assolutamente uguali a quelli portati da Maria Antonietta e dalle dame della sua corte nella loro giovinezza'. Altre volte il revival diviene moda generalizzata e duratura, come nel caso clamoroso ed eclatante dello 'stile Impero' quando il peplo greco rivede la luce per coprire – si fa per dire! – le belle dell'età napoleonica.
Volendo tener conto dell'ingerenza di tante implicazioni così differenti, che tuttavia interagiscono secondo la logica interna alla

struttura del fenomeno moda, di quali strumenti dispone lo studioso per analizzare le vicende della storia dell'abbigliamento? Per le epoche in cui esiste la rivista di moda (dalla fine del '700) questa costituisce un preziosissimo ausilio – anche se non l'unico – in quanto fornisce e l'immagine e il commento all'immagine. Non ricostruisce, è vero, l'abito reale che apparirà come in uno schermo attraverso le parole della descrizione, tuttavia lo documenta in maniera esauriente. Per i secoli precedenti, invece, la ricerca deve indirizzarsi verso uno studio comparato delle fonti, siano esse documentarie, iconografiche, letterarie, ma con la consapevolezza di non poterle utilizzare tutte alla stessa maniera e sullo stesso piano. Il loro linguaggio, infatti, spesso non risulta peculiare dell'abbigliamento, perché l'intento non è offrire una descrizione di moda e verrà a crearsi un'ulteriore sfasatura tra il linguaggio della fonte e il linguaggio della moda, che verrà ad aggiungersi a quella sempre esistente tra parola scritta e abito reale. Soggetta a questo duplice spostamento di piani, la fonte non potrà rappresentare lo specchio della realtà della moda del suo tempo; bensì costituire una specie di filtro, mediante il quale inferire informazioni. Bisogna, inoltre, prestare molta attenzione al tenore del documento che stiamo utilizzando, onde garantirne l'attendibilità. Quando si legge il passo della IX predica di S. Bernardino sullo strascico delle donne[11] si può attestare che in quel momento la moda prevedeva lo strascico, ma l'occhio del predicatore non è certo quello del sarto che valuta il metraggio della stoffa o la difficoltà d'esecuzione: la disapprovazione moralistica tende ad accentuare certe caratteristiche per trascurarne altre. La contrapposizione tra i peccati del presente e la purezza del passato è un modulo fisso nella letteratura di tono moraleggiante; tuttavia come credere alla veridicità delle parole di un Giraldi che alle soglie del '600, laudator temporis acti, rimpiange la semplicità delle vesti di trenta anni prima[12].
Ancora, una lista di nozze o un inventario di masserizie, redatti con quello stringato linguaggio che tradisce l'intento economico, possono offrirci elementi importantissimi per un'indagine di altro tipo: un glossario di nomi storici di abiti, tessuti, ornamenti, statistiche di frequenza, talvolta preziose informazioni per ricostruire una foggia o l'occasione per cui un capo di vestiario è stato cucito. Ma anche nello spoglio e nell'esame dei documenti non è da sottovalutare il 'tipo' di documento. Una legge suntuaria non si può utilizzare come un registro di corte né questo come un inventario di bottega artigiana; ogni categoria di documenti va usata tenendo conto sia dello strato sociale che dell'intento e della redazione.
Le leggi suntuarie nascono come misure protezionistiche dettate dalla preoccupazione di difendere la moneta e il suo potere d'acquisto. Di solito disattese, si ripetono nei secoli con monotona regolarità. Il loro esame appare di notevole interesse sia per documentare i nomi storici degli abiti che per chiarire le discriminanti socioeconomiche da cui l'abbigliamento viene condizionato. Le leggi fiorentine – ma anche quelle delle altre città seguono sostanzialmente la medesima falsariga – distinguono chiaramente i cittadini in statuali e non, contadini e meretrici, mentre per le donne non mancano di rilevare la condizione civile: non maritate, maritate da molti anni o da pochi anni, vedove.
Queste implicazioni non interessano invece al 'donzello'[13] incaricato dal Magistrato dei Pupilli di redigere un inventario che fornisca la consistenza globale delle sostanze del defunto: l'abito è per lui un qualunque oggetto da considerare nel suo valore intrinseco numerico ed economico. Un registro della Guardaroba di corte si presenta invece semplicemente come un documento di carattere amministrativo. Dai 'libri dei vestiri' si possono conoscere i nomi dei sarti di corte, i personaggi a cui gli abiti sono destinati, certe fasi di lavorazione degli abiti, la foggia delle livree, magari con l'interessante notizia che, a Firenze, si rinnovavano due volte l'anno, a Natale e per

S. Giovanni: ma il tono generale resta quello del registro di entrata e uscita in cui il dare e l'avere devono coincidere perfettamente.
E, se i documenti non vanno solo letti, ma, per così dire, interpretati, ad un processo analogo deve esser sottoposta anche la referenza iconografica, che funge da tramite tra il reale e il linguaggio. Prima della fotografia l'immagine è offerta dall'arte figurativa ed è quindi sempre soggetta all'interpretazione dell'artista. I ritratti del Bronzino, ad esempio, presentano una galleria di personaggi, paludati di splendide vesti dipinte con attenta e minuziosa cura. Ma il tratto di pennello accartoccia le pieghe, congela la stoffa trattandola come pietra dura, fissa l'immagine in un'eternità di ghiaccio; indubbiamente ci presenta una foggia alla moda, ma non un'immagine di moda.
Eppure anche il figurino, per quanto finalizzato all'abito, non può dirsi alieno da interferenze. Alla fine dell'800 si distinguono chiaramente due tipi di illustrazione di moda, quella d'equipe, meno curata e più corrente, e quella splendida ed elitaria uscita dalla mano di Barbier, Iribe, Marty ecc., ove ancora l'autore interpreta non limitandosi a riprodurre[14]. La raffinata pennellata di Lepape, ai primi del '900, mette in risalto l'esotismo dei modelli di Poiret, che ben si adattano al mito della donna fatale della Belle Epoque, a cui Erté aggiungerà un tocco di inquietante malia offrendo un'immagine di donna sirena, seducente ideale di decadentismo estetizzante.
La fotografia presenta certamente una rappresentazione più fedele della realtà, anche se, come il giornale di moda, obbedisce a determinate regole, considerando l'abito principalmente come oggetto di fruizione. Ogni rivista è concepita in modo da proporre un modello accettabile per una determinata categoria o gruppo, e la diversa destinazione sociale è chiarita non solo dalla grafica più o meno accurata, o dal formato ma anche dal modo di porgere la descrizione dell'abito. Nei giornali indirizzati ad un pubblico di estrazione non troppo elevata è sempre evidente la preoccupazione economica: si raccomanda oculatezza nella scelta dei tessuti, prediligendo stoffe poco costose, ma d'effetto, si caldeggia il far da sé soprattutto nel riutilizzo dei modelli dell'anno precedente, sui quali si consiglia di operare interventi drastici come tinture o tagli per ridonar loro un aspetto attuale. Talvolta esistono persino diverse redazioni di una stessa testata, in veste e formato distinti, evidentemente dirette a differenti strati di pubblico. Illuminanti i cataloghi di vendita degli ultimi anni dell'800 che propongono uno stesso modello confezionato in tessuti diversi, con notevoli differenze di prezzo. Ad esempio nel catalogo dei Magazzini Mele del 1891-92 un 'abito da sposa in surah creme, con petto e tablier di stoffa damassé pura seta con strascico e levatoio di fiori d'arancio' è venduto a L. 155, mentre il medesimo ma 'di stoffa seta damassé, disegni di alta novità con petto e tablier di faille francese finissima' veniva a costare L. 295. La descrizione in questo caso è ridotta al minimo e finalizzata al solo scopo economico pubblicitario; spesso è infatti reclamizzata la qualità e la convenienza del prezzo.
Il figurino di moda del XIX secolo offre, abbiamo detto, il preziosissimo vantaggio di fornire l'immagine e la sua descrizione risparmiando allo studioso la faticosa e complessa operazione di dover rivestire di contenuto il nome storico dell'abito, tratto dalle fonti. Infatti, una volta compiute tutte le operazioni preliminari di spoglio, lo storico del costume si trova di fronte due blocchi distinti di dati, l'iconografia e le terminologie, senza nessuna diretta correlazione. Durante l'esame delle fonti ci si accorge anche che una corretta denominazione del manufatto richiede accurate analisi, perché un medesimo lemma compare spesso in redazioni diverse, anche graficamente, a seconda delle epoche e delle aree geografiche. Negli inventari cinquecenteschi, limitatamente al solo dominio fiorentino, in luogo della più consueta voce 'giubbone', gubbone, si incontra giuppone, gippone, zuppone oppure per 'gamurra' ghamurra, gamura, gambura, camurra, chamurra ecc.; appena si

esce dai confini toscani i termini linguistici variano e addirittura accade che un abito di foggia pressoché uguale, viene chiamato in modo diverso in differenti regioni italiane. Se confrontiamo – e solo per un esempio – la legge suntuaria veneta del 1562 con quella fiorentina proprio dello stesso anno, nella sostanziale identità dei divieti quanta diversità di lessico![15]
Il fatto che la combinazione lessico-immagine-fonti risulti operazione alquanto complessa e articolata spiega il motivo per cui la storia della moda è stata per lo più limitata alle classi alte, sia facilmente documentabili sia come manufati superstiti, sia come fonti e iconografia. Gli abiti più gelosamente conservati sono soprattutto quelli particolarmente sfarzosi o d'occasione, indossati più raramente e quindi meno soggetti a usura. L'abito è infatti, per sua natura, facilmente deteriorabile e soprattutto fortemente modificabile. Frequentissimi i rimaneggiamenti dovuti ai cambiamenti di moda – maniche staccate, un orlo accorciato, un'aggiunta per un'allungatura – ma frequenti anche gli interventi per adattare la veste alle caratteristiche fisiche del possessore, che magari nel corso del tempo sono venute alterandosi: cuciture disfatte, pezzi di tessuto inseriti per allargare certe zone, sostituzione di parti logorate per l'usura. Altri interventi modificano soltanto un elemento: ad esempio si aggiunge un inserto a chiudere uno scollo, non solo per un semplice cambiamento di moda, ma anche per poter indossare l'abito in occasione diversa da quella per cui era stato confezionato o da una persona più in avanti con gli anni.
Tra le varie specie di oggetti l'abito è una delle più complesse e problematiche, proprio per la sua caratteristica essenziale di rivestire un corpo e, dal momento che le proporzioni della figura umana alterano sensibilmente anche l'aspetto formale, ecco che due abiti uguali ma di taglie diverse presenteranno variazioni di linea e non appariranno mai identici, come può invece succedere con altre categorie di oggetti, quali due candelieri o due bicchieri.

1) *Monitore della moda*, Corriere settimanale, Milano 28 maggio 1887.

2) R. Barthes, *Système de la mode*, Paris 1967 (tr. it. Torino 1970, p. 81).

3) *Giornale dei sarti*, Corriere delle mode maschili, Milano 1875.

4) B. Rudofsky, *Il corpo incompiuto. Psicopatologia dell'abbigliamento*, Vicenza 1975.

5) E. Sapir, *Che cosa è la moda* in *Sociologia dei fenomeni di moda* a cura di Gerardo Ragone, Milano 1976.

6) J.K. Flugel, *Psicologia dell'abbigliamento*, Milano 1974.

7) R. Sigurtà, *Lineamenti psicologici della moda maschile* in *Psicologia del vestire*, Milano 1971.

8) *Margherita*, Giornale delle signore italiane, Milano 1882.

9) C. Vecellio, *Habiti antichi et moderni di tutto il mondo*, Venetia 1598.

10) *Il Bazar*, Giornale illustrato delle famiglie, Milano 1871.

11) Bernardino da Siena, *Prediche volgari*, Siena 1853, p. 275. 'O donne ditemi che fa la coda della donna quando ella va per via di state? Fa polvere, e diverno s'imbratta nel fango [...] Così fa la donna con la sua coda, ora qua ora là, ora qua ora là come fa il serpente della sua, trascinandola per terra'.

12) V. Giraldi, *Di certe usanze delle gentildonne fiorentine nella seconda metà del secolo XVI*, Firenze 1890.

13) Era una magistratura fiorentina che tutelava gli interessi dei 'pupilli', cioè dei fanciulli rimasti orfani in minore età e pertanto, alla morte del capofamiglia, ordinava la redazione dell'inventario dei beni del defunto. Le voluminose filze riguardanti l'attività di questa magistratura sono conservate presso l'Archivio di Stato di Firenze.

14) J. Robinson, *Arte e moda nel '900*, Novara 1976.

15) La legge suntuaria veneta è pubblicata in G. Bistort, *Il Magistrato delle Pompe della Repubblica di Venezia* in 'Miscellanea di Storia Veneta' edita per cura della R. Deputazione di storia patria, Venezia 1912, s. III, t.V; la legge fiorentina si trova in C. Carnesecchi, *Cosimo I e la sua legge suntuaria del 1562 (Donne e lusso a Firenze nel secolo XVI)*, Firenze 1902.

La raccolta degli abiti storici esposti nella Galleria del Costume di Firenze, costituisce nella sua eterogeneità un nucleo significativo per la storia della moda, componendosi di prototipi vestimentari emblematici, riguardo all'epoca a cui si riferiscono, che offrono spunti di analisi quanto mai idonei a suggerire un rapido, ma esauriente excursus sulla moda di quei duecento anni che si vogliono generalmente considerare età moderna, anche se è solo con la Rivoluzione che si vedrà determinarsi il marcato passaggio tra i due mondi, anche nell'abbigliamento.

I pochi esemplari esposti dell'Ancien Régime (cat. nn. 1-7, 40) ci forniscono puntualizzazioni essenziali dei ritmi che scandirono le mode del periodo antecedente il 'grand siècle', così determinante per il rinnovamento delle idee e fondamentale per le basi della nostra civiltà attuale: durante il Settecento anche il 'Sistema della moda'[1] va mutandosi, per venire completamente capovolto durante la Rivoluzione, come vedremo.

Fino alla Rivoluzione francese è sempre stata la corte a stabilire le foggie del vestire, sempre più sontuoso di stoffe e di ornamenti, nel lusso strepitoso che si 'doveva' ostentare nell'economia del potere, 'status symbol', ma anche 'spreco funzionale' all'apparato di politica diplomatica, secondo un rigoroso rituale, tante volte esaminato anche e soprattutto nelle sue leggi vestimentarie[2]. E se i sarti famosi come mad.lle Bertin o il celebre Leroy[3] furono gli stretti responsabili, essi operavano sulle direttive ancora imposte dai regolamenti di etichetta e in immediato collegamento con gli artigiani, in un rigoroso 'programma di corte', per tramite di funzionari come erano stati Colbert e Le Brun al tempo del Re Sole, che eseguivano ordini precisi, dirigendo gli artefici di quello strumento di potere, che è stato l'abbigliamento nel mestiere di governare[4].

L'abito, in tale contesto, rappresenta ancora la divisa del sovrano per primo, esemplare per i sudditi nelle sue strutture e decorazioni, funzionali per il modello di comportamento da riferirsi alla veste[5]. Infatti questa, nella sua immagine rappresentativa 'de cour', si riflette nei cortigiani in ambito aristocratico; la nobiltà ne assume le tipologie, che si diffondono nella moda 'borghese'. Sarà la Rivoluzione, con l'ascesa della borghesia[6], a capovolgere tale concetto e a determinare una svolta decisiva e per certi aspetti irreversibile nell'abbigliamento: la moda semplificata 'alla patriota', 'alla rivoluzione', 'alla democratica' esploderà sulle riviste specializzate, rivolte sempre a un pubblico d'élite, diffondendosi non solo nelle linee fondamentali, ma suggerendo le qualità delle stoffe, i motivi degli ornamenti e gli elementi decorativi, coi nomi dei consigliati fornitori[7]. Con la nascita della stampa di moda nasce anche l'informazione di essa e il rapido diffondersi delle foggie nella società che va rinnovandosi, in cui il cittadino, ormai consapevole, è responsabile delle sue scelte.

Ma fino agli esiti dell'Ancien Régime persiste la moda 'de cour', con l''habit' e la 'robe' à la française' (cat. nn. 1,3), che le corti esemplano su quella Louis Quatorze, che impone le leggi vestimentarie, diffondendone le tipologie fondamentali, malgrado le varianti locali[8]. Alla fine del secolo XVII infatti, l'abbigliamento maschile consiste del 'juste-au-corps', veste di sopra o 'veston', lunga ai ginocchi, con vita e maniche aderenti fornite di alti paramani abbottonati ad esse, 'veste', o 'gilet' e (dopo il breve periodo del 'Rhingrave' (cat. n. 4)) calzoni al ginocchio ('culotte'). Il 'juste-au-corps' (justaucorps), erroneamente tradotto in Italia 'giustacuore' e che invece trae dalle sue origini il più corretto e diffuso appellativo di 'habit à la française' (alla fine del regno di Louis XIV), si correda della sottoveste analoga ('veste', o 'gilet à manches'), e dei calzoni al ginocchio ('culottes'), che fasciano le gambe, senza ancora aderirvi completamente (cat. n. 1). Con Louis XIV il 'justaucorps', come ormai si chiama, assimilando alla veste tutto il completo, è così descritto in una cronaca italiana sulla moda del secolo precedente: 'il giustacuore prese ampie dimensioni,

trasformandosi in lunga marsina alla francese a falde larghissime, con grandi paramani e tasche sulle anche, e si adottarono quelle larghe e lunghe giubbe abbottonate da cima a fondo, e le calze rosse rotolate sopra il ginocchio, e quelle scarpe quadrate, e quelle enormi parrucche che avrebbero sfigurato le teste dei cortigiani del Re, se non le avessero nobilmente guarnite tante palme e tanti allori'[9].

Al periodo della Reggenza, dopo il 1715, verso il 1720 è databile lo spacco posteriore e l'aggiunta, nella cucitura laterale delle falde scampanate, lunghe al ginocchio, un fascio di pieghe stirate, sostenute all'interno con balze di crine e 'irrigidite da elementi inseriti tra il tessuto e la fodera, dalla vita in giù, formati da materiali analoghi, cartone, crine e anche cuoio'[10]. L''habit', corredato della sua sottoveste di analoga decorazione, ma spesso in colore contrastante, era senza collo, fastosamente decorato e ricamato lungo tutte le bordure, intorno alle grandi tasche a patte sagomate e sull'abbottonatura fitta dal collo fino all'orlo, ma che si lasciava slaceciata, oppure abbottonata solo all'altezza del petto, per l'aderenza sempre più eccessiva verso la metà del secolo: 'ben presto i sarti non aprirono neppure più gli occhielli nei punti dove non erano richiesti'[11] (cat. nn. 1,7). La sottoveste (che non era mai più corta di 5 cm. dell''habit') fu dapprima completamente ricamata, poi soltanto anteriormente, con dorso e maniche di seta semplice, e calzoni assortiti (cat. nn. 1,5). Dalle maniche sbuffava il polso arricciato in 'falbalas' della camicia di mussola o di batista, e il collo era guarnito dalla cravatta[12] formata da una striscia in tessuto più o meno leggero e pregiato o ricamato, che si annodava passandone poi un lembo nella bottoniera, secondo una foggia diffusa dal 1692, 'quando gli ufficiali francesi non ebbero il tempo di annodarsi la cravatta'[13] durante la battaglia di Steinkerke, che le dette il nome. Le scarpe, a punta quadrata, avevano risvolti e tacchi rossi (quei 'talons rouges' riservati alla nobiltà fino alla Rivoluzione Francese), con grandi fiocchi al, dal 1680, grosse fibbie più o meno preziose.

È solo dopo il 1760 che l''habit à la française', per il suo peso eccessivo e per l'esuberanza decorativa, va adeguandosi alle più semplici mode anglosassoni e si evolve, semplificandosi, verso la 'marsina' all'inglese (anche se il nome, ancora una volta, sembra desumerlo dal francese Jean de Marsin)[14] che va diffondendosi in tutta Europa. La giubba si restringe provocando una riduzione dell'ampiezza delle falde (l'antico 'carré' (cat. nn. 1,5)) che si congiungono posteriormente e si arrotondano lateralmente (cat. n. 6); la sottoveste si accorcia sensibilmente, assumendo l'aspetto del gilet, appena sotto la vita, con orlo sfuggente (cat. n. 43). I grandi paramani si riducono a semplici polsi, mentre nasce il collo alto o ribattuto (rovesciato) e la veste si fodera di una stoffa analoga al gilet, ancora ricamato, ma ridotto; sull'abito invece il ricamo si limita alle mostre, ai polsi e ai cinturini dei calzoni, da allacciare sotto al ginocchio con fibbia o bottoni (o entrambi) (cat. nn. 6-7). Verso la fine del settimo decennio la veste si accorcia e si abbottona completamente con grandi révers, il collo tende a diventare più alto. I calzoni, spesso in daino, sono sempre più stretti: questa è la moda dei 'macaronis' eleganti degli anni '70.

Dal 1780 le falde della marsina si riallungano squadrandosi lateralmente, il gilet si accorcia, ed è tagliato dritto alla cintura (cat. nn. 44-45), con guarnizioni ricamate sempre più limitate ai bordi e semplificate, con motivi sempre più sobri e delicati, a fiorellini policromi con tralci di foglie, assumendo stilemi sempre più severi verso la fine del secolo, fino alle rituali bordure di quercia ed alloro, verdi sul fondo bianco (cat. n. 46), o palmette dorate su fondo rosso o nero, motivi fondamentali dell'Impero, nonché i monocromi delle 'finanziere' (cat. nn. 9-10).

La veste in tessuto pregiato, tutta ricamata e guarnita di trina resta inalterata per l'abito da cerimonia (cat. n. 15) e proprio in Inghilterra, da dove le mode all'avanguardia sono sempre state diffuse per

l'abbigliamento civile, si mantiene più a lungo la tradizione dell'abito cerimoniale: ancora George VI per la sua incoronazione (1937) volle conservare le fogge dell'abito 'all'antica', nella libera Inghilterra.
L'abito femminile segue un'analoga evoluzione: dalla 'robe volante' sciolta in grandi pieghe dalle spalle, che si diffonde in Francia nel primo periodo della Reggenza, dopo il 1715, deriva la 'robe à la Française', con le ampie pieghe, così spesso ritratte da Watteau sugli abiti delle dame della sua *Enseigne de Gersaint* del 1720, da tramandargliene il nome nel secolo XIX (poi riservato solo al manto di corte), attribuendogliene erroneamente la invenzione: infatti era una moda da tempo diffusa, se già nel 1703 l'attrice Doncourt l'indossa nell'*Andria* di Terenzio come comoda veste da casa o 'contouche', quale era realmente . Da tale episodio derivò la famosa 'Andrienne' di goldoniana memoria, ancor peggio spesso storpiata in 'Adrienne'.
Successivamete la 'robe à la Française' o 'robe flottante' – divenuta così di moda che il *Mercure de France* nel 1729 segnala di 'regnare ovunque [...] quasi totalmente', come verificato nelle tavole di De Troy sulla vita mondana dopo il 1730[15] – segue diverse mutazioni di impiego e di struttura.
La veste fluttuante con gonna ampia e lunghissima, a tutta ruota sostenuta dai 'criarde', talvolta rilevata nelle tasche, dalle maniche a pieghe verticali e paramani orizzontali allacciati ad esse, in seguito si evolve nella 'robe volante', con pieghe solo posteriori, successivamente piatte, disposte specularmente ai lati della cucitura centrale. Le maniche sono rispettivamente 'en pagode' e più tardi 'en sabot', di influenza anglosassone. È con Luigi XV che l'ampia veste, aperta avanti sul corpetto balenato, prenderà il nome di 'robe à la Française', da indossare con i paniers di varie foggie, fino a quelli divisi del quarto decennio, i 'paniers double', che, alti ai gomiti, si chiameranno appunto 'à coudes', o 'à la commodité'. Dalla metà del secolo la 'robe à la Française' è ormai indossata anche a corte, come 'grande robe' o 'grande parure', vestito elegante con profonde gronde sul dietro che disposte ai lati della linea mediana, si dipanano nell'ampio manto con strascico (cat. n. 3). Davanti, la veste è aperta sul corpo rigido il cui 'pièce d'estomac' triangolare è riccamente ornato con l''echelle' di fiocchi decrescenti e sulla sottana della stessa stoffa guarnita analogamente alla veste.
L'ampio scollo è orlato di trina, come spesso il bordo della gonna e delle maniche 'en pagode' o 'en sabot', con engagéantes a triplice volant. Gli elementi strutturali e decorativi della 'robe à la française', sono fondamentalmente riscontrabili nell'esemplare qui esposto (cat. n. 3) che è quindi rappresentativo del sontuoso abito settecentesco di Ancien Régime, mentre già negli ultimi decenni del secolo l'abbigliamento femminile si va modificando, in formule più moderate, contenendo l'ampiezza delle gonne fino alla definitiva sparizione dei 'paniers', che solo più tardi dovranno ricostituirsi nella diversa struttura della crinolina; gli scolli si velano con i candidi 'fichus' verginali, lanciati proprio da Marie Antoinette, e sulle parrucche ancora incipriate e paraddossalmente monumentali, le nobili dame amano sempre più spesso poggiare le leggere 'pamele' di giunco, come le villanelle di una moda pastorale. Con la Rivoluzione e la professione di libertà anche nel vestire, ripresa della linea 'classica', 'alla greca' (cat. n. 12), e sopravvento della influenza anglosassone, nella totale semplificazione della struttura sartoriale. Conservazione di stilemi tradizionali solo per la veste cerimoniale (cat. nn. 14-15).
Le scoperte scientifiche, il perfezionamento delle tecniche e le ingegnose invenzioni accelerano l'evoluzione della moda, scandendone la storia nelle sue tappe fondamentali: nel 1801 si sperimenta il telaio Jacquard, nel 1825 la prima rudimentale macchina da cucire[16], che assumerà rapidamente il ruolo di protagonista nella nascita delle confezioni e della produzione in serie, di cui i primi grandi magazzini furono i maggiori diffusori[17].
Ripresa della 'moda di corte' e di formule 'retrò', nelle strutture e decorazioni (cat. n. 13), con il ritorno delle monarchie al potere, mentre con l'avvento della sartoria, la moda si diffonde su scala industriale, con la riproduzione dei cartamodelli da esemplarsi sui modelli del sarto esclusivo, diffusi da lui stesso. Il creatore di moda, in tale contesto, è ovviamente da considerarsi tanto più abile industriale del settore, quanto più avrà saputo assicurarsi una clientela promozionale ed elitaria. Proliferarsi dell'artigianato nel moltiplicarsi degli operatori della moda: è del 1845 la vendita pubblicitaria del primo cartamodello in stoffa, nell'antesignano suggerimento di 'fatevelo da voi'[18]. Tutta una letteratura su questo momento storico della moda, dal *Traité* di Balzac[19], ai celebri 'croquis' di autorevoli esponenti della pittura ufficiale, quali Ingres e Delacroix, specializzati, come Déveria, Gavarni e specialmente Constantin Guys, a cui si devono tanti insostituibili documenti figurativi, per la sua vasta attività di giornalista tra Parigi e Londra[20]. La sua insuperabile illustrazione della silhouette femminile suggerì a Baudelaire la memorabile riflessione che il 'segno principale della civiltà per una donna è invariabilmente la crinolina'[21], considerazione estremamente significativa per la nostra indagine sulla moda di metà secolo (cat. nn. 18-20) (e la crinolina ne fu l'emblema), espressa dal grande poeta di quegli anni, per il *Pittore della vita moderna*[22]. La produzione sartoriale, per l'ascesa di Napoleone III al potere e la fondazione del Secondo Impero si definirà nella riforma assolutamente nuova, operata da un genio dell'arte dell'abbigliamento: l'inglese Charles Frédéric Worth, inventore dell'Haute-Couture.
Su di lui, anche troppa la letteratura, nel tramandarsi di una tradizione così abbondantemente celebrata da sfumare in leggenda, e copiosissima la documentazione sul conto del geniale personaggio, che nato a Bourne, nel Lincolnshire, il 13 ottobre 1825, dal 1838 al 1845 lavora a Londra come commesso nel grande magazzino di tessuti e guarnizioni sito in Regent Street, dove sorgerà più tardi l'attuale Swan & Edgar. È lì che impara il mestiere di trattare con le dame eleganti e comincia a conoscere i capricci della classe elitaria. A venti anni, con cinque sterline in tasca, si trasferisce a Parigi nel grande negozio di tessuti Gagelin, in rue de Richelieu, che vende anche scialli e confezioni per signora, facendoli indossare a modelle vere. Il giovane Worth vi lavora per dodici anni, dal 1846 e vi incontra la moglie, Marie Vernet, impiegata come indossatrice, per cui inventa semplici creazioni che fanno furore. Con il grande intuito che lo distingue prevede presto la fortuna della nuova moda degli anni Cinquanta, la crinolina, inventata dal maresciallo Oudinot, che dal 1839 aveva proposto di irrigidire con crine i colletti militari e suggerendo lo stesso espediente per le sottogonne femminili, ma che nel 1855 mad.lle Millet aveva brevettato nella versione a cerchi metallici imbottiti, lanciando la famosa gabbia, la 'cage-crinoline', che dal 1856 va diffondendosi con sempre maggior successo per la produzione della casa americana Thomson, prestigiosa società commerciale che le dette il nome e a cui partecipò lo stesso Worth nel medesimo anno 1858 in cui apriva il suo famoso atelier al numero 7 di rue de la Paix[23]. Era stata la principessa di Metternich, moglie dell'ambasciatore prussiano appena arrivato a Parigi, a lanciarlo in società, indossando un suo spettacolare abito da sera ad un ballo alle Tuileries; l'imperatrice ne fu colpita e la fortuna di Worth fu fatta. Egli che divenne sarto ufficiale di corte nel 1864, lo fu in realtà molto prima, vestendo Eugenie Montijo con modelli esclusivi che ne esaltavano la personalità, interpretandone il gusto 'spagnolo' nelle sofisticate esagerazioni che, facendo testo, rimasero di fama memorabile[24]. Non si dimentichi che si devono a lei la moda 'princesse' o 'all'imperatrice', diffusa dal 1865 (cat. n. 20), il bolero, la veletta Eugenia dal 1862 e le mantiglie dal 1867, quando già i grandi scialli erano da anni calati in disuso[25].
Worth vestì l'aristocrazia, ma la sua vera clientela fu l'alta borghesia,

per la quale inventava i suoi favolosi modelli, che imponeva anche alla nobiltà come creatore assoluto, determinando una svolta nella storia del costume: la nascita della Haute-Couture. Come era stato tra i fautori della crinolina, Worth seppe cogliere in anticipo la saturazione di essa, per le sue iperboliche dimensioni, lanciando per primo una novità di linea che ne riduceva l'ampiezza (dai sette metri circa delle circonferenze 1860, verso il 1865 esse non superavano i quattro metri e mezzo), raccogliendola posteriormente, prima con un sistema di cordoni scorrenti che creavano anche motivi di drappeggio sulla gonna, come per i tendaggi (moda 'tapissier', appunto), successivamente sopprimendone progressivamente i cerchi della gabbia, fino a rivoluzionarne del tutto la struttura, con la creazione della 'demi-crinoline' una prima 'tournure', definitivamente sancita nel 1867, quando già anche le guarnizioni dell'abito andavano accentrandosi nel panneggio posteriore, fino a determinare la nuova silhouette femminile degli anni Settanta, col grande ciuffo di pieghe accentrate sulle reni (cat. n. 21). Una delle tante leggende sul geniale artista gli attribuisce l'ispirazione per la nuova moda dalle fogge delle lavandaie parigine, con le vesti raccolte e annodate sul dorso, per accingersi al loro lavoro. Con i drammatici eventi della guerra franco-prussiana, anche la casa Worth chiude, provvisoriamente trasformata in ospedale, ma già alla fine del 1872 le mode di Francia tornano a dettar legge ovunque e il prestigioso atélier a regnare incontrastato nel mondo dell'Haute-Couture, di cui proprio in quegli anni le Case più importanti andavano iniziando la loro attività, molte fra esse coltivate a quella prima scuola e derivate da essa: la Maison Rouff, Paquin, Redfern, l'inventore del 'costume-tailleur' o 'tailor-made', le sorelle Callot, Cheruit e Doucet, che fu, come vedremo, il promotore dell'altro caposcuola nel campo dell'abbigliamento, Paul Poiret.
Il personaggio di Worth è particolarmente significativo per la storia del costume, rappresentando la figura del primo creatore di moda. Egli, con la sua abilità seppe conquistarsi la fiducia, la stima ed infine la incondizionata schiavitù mentale delle dame più influenti di tutto il mondo elegante, assicurandosi la miglior clientela internazionale; imponendo le sue leggi di moda in tutte le corti europee, fu il dittatore di esse e non più viceversa, come era stato in passato. Grande imprenditore, sui suoi dettami stilistici si veste la nobiltà, l'alta finanza e la borghesia dopo il '70; l'Haute-Couture si moltiplica nelle sartorie che espongono nelle grandi esposizioni, diffondendone le linee e incrementandone l'industria, per la produzione della moda pronta. Fino alla sua morte, nel 1895, Charles Frédéric Worth continuò a vestire le donne di rango di tutto il mondo e a influire profondamente sulla moda internazionale femminile di tutti i livelli sociali, per la diffusione indiscriminata della sua linea, talvolta interpretata, ma tanto spesso arbitraria, nel proliferarsi delle riviste specializzate nella stampa di moda, fino ai giornaletti per sarte, sempre improntati ai modelli francesi e impegnati nell'affannosa imitazione di essi. Alla sua scomparsa, l'insegnamento di Worth aveva fatto scuola e l'impero delle grandi sartorie parigine di Haute-Couture era ormai consolidato in eccellenti allievi quali Doucet e madame Paquin, già 'dress-maker' della casa 'Rouff'[26], mentre il suo prestigioso atelier ne continuava la tradizione ininterrotta, con la vedova, la famosa Marie, la prima 'mannequin' vivente, compagna insostituibile di vita e di lavoro, e i figli Gaston, che abilmente ne amministrava la fortuna, e l'estroso Jacques, erede spirituale della fantasia e creatività paterna, continuatore e interprete fedele dei suoi precetti artistici. La dinastia non si estinguerà che nel 1954, quando l'ultimo successore, Maurice Worth, consentirà l'assimilazione della 'Maison' alla Casa Paquin, nata da essa, e quando anche questa chiuderà due anni dopo, nel drammatico declino dell'Alta Moda, sarebbero mancati due anni al centenario della fondazione della grande sartoria parigina, al n° 7 di rue de la Paix[27]. A noi restano i vestiti con la prestigiosa etichetta,

evocatrice di un mito ormai leggendario.
Negli ultimi decenni del secolo, l'Italia ormai si esempla definitivamente sulla moda francese, e la conferma è desunta dalla stampa coeva, nelle riviste di moda, che proliferano sempre più copiose nel XIX secolo, così strettamente collegate con le francesi, anche idealmente, che le più qualificate si pregiano di fornire 'non soltanto i figurini delle mode più recenti, ma ben anco le stoffe di miglior gusto per i più recenti capi di abbigliamento ed anche i costumi completi al prezzo che le più accreditate fabbriche di Parigi praticano coi rivenditori', istituendo servizi speciali di commissioni con le case parigine[28].
È quindi ovvio che le terminologie della moda siano così strettamente identificate nel lessico gallico con espressioni spesse volte intraducibili, tanto da suggerire la compilazione di un rapido elenco dei termini essenziali che compaiono più frequentemente in questa rassegna vedi p. 122 del catalogo.
Come le riviste, anche le case di moda italiane si contendono il privilegio di interpretare le ultime fogge di Francia e di rifornirsi presso le industrie tessili francesi, anche se è costante il tentativo di una moda autonoma, che si realizzerà solo all'inizio del secolo XX, con l'attività pionieristica di una sarta geniale: la famosa Rosa Genoni, che all'Esposizione di Milano del 1906 si presenta con una collezione di prestigiosi abiti realizzati in fogge desunte dall'arte rinascimentale italiana 'ispirandosi ai dipinti medievali e umanistici ed anche a documenti di arte greca ed egiziana', come ella stessa dichiara in un suo breve libro intitolato Per una moda italiana[29], di cui due esemplari di preziosa emblematicità sono compresi nella raccolta della nostra Galleria (cat. nn. 31-32).
Ma ci sono altre firme di importanti sartorie italiane, quali Pontecorvo di Roma (cat. n. 26) o, a Trieste, la Sittich, creatrice di quell'abito ricamato bianco e nero, che fu indossato in occasione della solenne cerimonia del varo della 'drughtnut' Viribus Unitis (cat. n. 30), e, a Firenze, atéliers come quello di Marianna Salimbeni, Calò, Chiostri, o la famosa Bellenghi[30], che lancerà più tardi la Sala Bianca di Palazzo Pitti, come sede ideale per le sue prime sfilate, di cui si serba stimata memoria[31]. Sempre in Italia, a Venezia, non a caso scelta come patria di adozione, si colloca l'opera artistica di un grande creatore di stile: lo spagnolo Mariano Fortuny y Madrazo, che, ricollegandosi ai concetti innovatori di libertà nel vestire, contemporaneamente lanciati in Francia dal geniale Poiret (cat. n. 35), recupera l'arte classica dalle purissime linee delle colonne attiche, nelle tuniche dritte dei pepli delle Cariatidi sull'Eretteo, o dell'auriga di Delfi, il 'Delphos', appunto, che si diffuse con rapidità nelle tante imitazioni, ma di cui si espone un esemplare assolutamente originale (cat. nn. 33-34).
Agli inizi del secolo, infatti, si apre un capitolo nuovo, nella esigenza di una svolta radicale intuita da quell'altro grande genio della moda che fu Paul Poiret. Anche egli, come Worth, si limitò a interpretare magistralmente le tendenze del gusto di quel momento storico, sapendo come tradurne l'idea in formule strutturali, realizzando la donna dell'era moderna.
Come egli stesso racconta nel suo libro En habillant l'époque[32], Paul Poiret nasce a Parigi nel 1879 da un commerciante di stoffe. Prestissimo rivela doti artistiche e predilezione per il teatro e le arti decorative, in quell'ambiente parigino così significativo per la cultura europea di quegli anni, e di cui più tardi doveva entrare a far parte ed esserne in stretta amicizia con i massimi esponenti. Fondamentale fu l'incontro nel 1896 con un personaggio poliedrico come Jacques Doucet, di cui furono noti gli interessi e le iniziative culturali, oltre che le qualità di grande sarto[33].
La prima creazione che Paul Poiret, scenografo e costumista, realizzò per Réjane, fu il famoso mantello 'voluttuoso', di linea romantica che, indossato dalla grande attrice sul palcoscenico parigino, fu un trionfo, a cui seguì il costume bianco per l'Aiglon di

Sarah Bernhardt.

Verso il 1903, su consiglio dell'abile Gaston, Poiret fu assunto come stilista nel famoso atelier Worth di rue de la Paix, dove i due fratelli continuavano la prestigiosa tradizione paterna. Nel momento di massima fortuna della linea ornatissima che Jacques Worth continuava a recuperare con successo dai repertori del più sontuoso rinascimento, e che i grandi sarti guarnivano di falbalas, trine e ruches, il primo tailleur (tailor-made), spoglio e lineare che Poiret osò proporre fece scandalo, e il famoso mantello di ispirazione orientale, antenato del 'Confucius', giudicato 'un horreur', gli costò l'impiego.

Nasce così il primo atelier che Paul Poiret fonda in proprio, prima in rue Auber 5, nel 1904, poco dopo in rue Pascuier, da dove si trasferirà nel leggendario palazzo in Faubourg Saint-Honoré.

È da lì che l'artista sferra la sua campagna contro l'odiato busto, all'insegna del nuovo indumento che rivoluziona la moda, mutando la silhouette femminile e rivalutandone la linea naturale, col reggiseno del primo decennio e, più tardi, scoprendone le gambe.

Come la principessa di Metternick per Frédéric Worth, Lady Asquith, consorte del Primo Ministro inglese, fu la grande sostenitrice dell'artista, giungendo ad aprirgli i salotti di Downing Street per presentare i suoi modelli, attirandosi con la sua generosità e spregiudicatezza la disapprovazione della nazione e provocando un 'caso', che determinò il definitivo successo di Poiret e il lancio della sua produzione.

Il giovane Poiret non esita a proporre le sue idee rivoluzionarie abolendo stecche di balena, rigidi busti, corazzati corsetti 'Sirena' dalla linea 'S', e sovraccariche decorazioni, creando la donna nuova, flessuosamente vestita in singolari modelli, di cui il nostro esemplare è particolarmente emblematico, significandone gli essenziali elementi (cat. n. 35). Sono infatti tuniche trasparenti, recuperate dalle mode Direttorio, ma ancor più fogge desunte dai costumi orientali, dal 'burnus' arabo ai caffettani persiani, dal saharij indiano ai chimoni dell'estremo oriente, assortiti ad analoghi copricapi come i turbanti e le piccole calotte sormontate da aigrettes. Questo gusto dell'esotico si rivela anche nella scelta dei tessuti e dei motivi decorativi, come la grande peonia e il crisantemo giapponese, l'anemone o l'iris, sempre in accostamenti di tinte inusuali che l'artista si ingegnò di comporre nella famosa 'usine', tante volte ritratta nei dipinti dei celebri pittori del comune ambiente artistico parigino che in quegli anni la frequentarono: fondamentale e significativa la grande amicizia con Raoul Dufy e con lo stesso Mariano Fortuny che, com'è noto, vi lavorò prima di aprire a Venezia il suo famoso atelier (cat. nn. 33-34).

Oltre ai suoi più stretti collaboratori come Paul Iribe, George Lepape, André Marty, Denise Boulet, che sposerà il 4 ottobre 1905 e il prestigioso Romain de Tirtoff (Erté), che ne diffusero i modelli in tutto il mondo con i celebri 'croquis' sulle riviste di moda (*Gazette du Bon Ton*, 1912-1925; *Art et Decoration*, 1913; *Le style Parisien*, 1915; *Art-Gout-Beauté*, 1922, ecc.), le 'choses' di Paul Poiret furono riprodotte innumerevoli volte da pittori quali Van Dongen, Raoul Dafy, Guy Arnoux, Boussingault, Segonzac, oltre ai molteplici ritratti che gli fecero i suoi amici artisti, valga per tutti quello famosissimo, dipinto da Derain nel 1919 (Museo di Grenoble). Esperto d'arte e attento collezionista, fu lui stesso un valente pittore e favorì le arti, patrocinando giovani talenti che dovevano diventare artisti celebri, fino a fondare nel 1911 una scuola d'arte decorativa a cui dette il nome di sua figlia Martine.

Sempre al 1911, l'annno dell''entrave' e della 'jupe-culotte', risale quella favolosa festa persiana, la 'Mille et deuxième nuit', appunto, che Poiret, promotore anche espertissimo di feste e spettacoli offrì con strepitosa raffinatezza ai trecento invitati della 'tout Paris' nel giardino settecentesco della sua villa in Faubourg Saint-Honoré, angolo rue d'Antin, la notte del 24 giugno, accogliendo gli ospiti come un principe persiano e vestendo sua moglie Denise da maliosa odalisca, spettacolare lancio pubblicitario per la 'jupe-culotte', che infatti 'espolse' l'anno successivo. (La cronaca e le descrizioni del memorabile ricevimento, i cui inviti furono eseguiti da Roul Dufy, ispirandosi ad un manoscritto persiano miniato, furono a lungo principale argomento della stampa parigina)[34].

Dopo Worth, fu Poiret a continuare la tradizione della Haute-Couture, vera e propria arte in cui operarono Doucet, Redfern, mad.me Paquin, le sorelle Callot, Margie Rouff, Cheruit, fino alla metà del secondo decennio di questo secolo, quando le creatrici della prossima generazione come Jeanne Lanvin, Gabrielle Chanel e Madeleine Vionnet, continuandone la linea, con personali interpretazioni, gettavano le premesse per la radicale svolta impressa all'abbigliamento femminile dopo la Prima Guerra Mondiale.

Si è quindi usi riferirsi alle mode di Francia per l'inequivocabile derivazione della moda dalle fabbriche francesi, almeno dal secolo XVIII. Come si è visto, è infatti dalle grandi industrie tessili lionesi nate nel programma del 'Grand Etat' voluto da Colbert per il sovrano, che derivarono altre importanti manifatture, come la Spitalfield di Londra, (che peraltro assorbì una gran parte dei tessitori francesi evasi dalla Francia dopo l'editto di Nantes), e che operarono in aderente collegamento con Lione; ma se all'Inghilterra dobbiamo ricondurre la nascita della confezione industriale e solo più tardi individuarvi le sartorie[35], è ancora alla Francia che dobbiamo ricollegarci per trovare i grandi nomi dell'Haute-Couture, che firmano anche molti abiti di questa prima esposizione: Worth, Felix, Rouff, Callot-Soeur (cat. nn. 21, 23, 25, 22, 29), ogni etichetta una grande storia da situare cronologicamente negli eventi dal Secondo Impero, la Terza Repubblica, la Belle Epoque, scandendone le mode, fino agli esiti artistici del grande Poiret che, come il suo illustre predecessore e rivale aveva fatto con la crinolina, rivoluzionò la linea femminile, abolendone le costrizioni del busto e proponendo l'abbigliamento idoneo a quella nuova donna che, liberata dai lacci dei vecchi corsetti e degli antichi pregiudizi, nella autonomia che faticosamente andava conquistando anche in campo sociale[36], si identifica con la donna in via di emancipazione, riconoscendo alla propria coscienza quelle istanze che dall'Inghilterra venivano professate con la politica di propaganda femminista diffusa in tutto il mondo: quella donna nuova che Redfern vestiva dei suoi sobri ed ineccepibili completi mascolini e Poiret dei rivoluzionari pantaloni, le 'jupes-culottes' del 1911, seguiti presto dalla moda 'garçon' che la giovanissima Gabrielle Chanel, 'Coco, l'Irregolare'[37], con determinata volontà di ribelle osava proporre alla sofisticata società di Deauville, con i suoi modelli spregiudicati.

Si annuncia, col secondo ventennio, una nuova èra, che è tutta da rivisitare, anche e soprattutto negli aspetti dell'abbigliamento, che riflette la storia dell'epoca a cui si riferisce, nella mutevole immagine dell'umanità, se, come crediamo, e come magistralmente sintetizzato nelle riflessioni di Marcel Proust, in una di quelle perenni verità da lui espresse anche sulla moda:
'la ressemblance dans le vêtement et aussi la réverbération par le visage de l'esprit d'une époque tiennent une place plus importante que ses castes [...] chaque époque se trouve personnifiée dans des femmes nouvelles qui [...] semblent dans leur toilette, apparaître seulement à ce moment-là, comme une espèce inconnue née du dernier déluge, beautés irrésistibles de chaque nouveau Consulat, de chaque nouveau Directoire'[38].

* Desidero ringraziare tutti coloro che hanno collaborato e incoraggiato il mio contributo al catalogo e quanti, con cortese sollecitudine hanno fornito informazioni specifiche riguardo alla storia degli abiti e alla loro provenienza.

1) Come è noto, è anche il titolo dell'analisi strutturale di Roland Barthes sul tema della moda: R. Barthes, *Système de la mode*, Paris, 1967 (tr. it. Torino 1970).

2) Qualche mia nota più approfondita sull'abito cerimoniale è compresa nel catalogo della mostra *Urbino e le Marche prima e dopo Raffaello*, Urbino, luglio-ottobre 1983, in corso di pubblicazione.

3) Rispettivamente, per tradizione, sarti di Maria Antonietta e di Giuseppina Beauharnais alla corte napoleonica, mentre come è noto, Rosa Bertin era fornitrice di guarnizioni per la Real Casa, anche se ebbe forte influenza sulle scelte sartoriali di Marie Antoinette, in una équipe di molti altri esecutori, quali ad esempio la famosa Madame Eloffe.

4) Ma non sembri anche inutile ricordare che proprio sotto Luigi XIV i sarti ottennero l'autorizzazione di costituirsi in corporazione (cfr. F. Boucher, *Histoire du Costume en Occident de l'Antiquité à nos jours*, Paris 1965, p. 270) e che risalgono al 1678 le prime pubblicazioni periodiche di articoli e tavole di moda, famose quelle di Bonnard e, per i costumi teatrali, quelle dello stesso Bérain (1637-1711), il cui stile decorativo ebbe un'influenza così determinante e continue riprese nelle arti applicate di epoche successive.

5) Sulle norme di comportamento che si vuole siano state dettate dalla corte di Louis XIV, è in corso una indagine anche riguardo all'abbigliamento, in riferimento alle note opere di Norbert Elias sull'argomento: *Über den Prozess der Zivilisation. I. Wandlunge des Verhaltens in den Wetlichen Oberschichten des Abendlandes*, Frankfurt 1969; *Die höfische Gesellschaft*, Darmstadt und Neuwied 1975.

6) Dal cui strato sociale comincia ad emergere la figura del sarto autonomo.

7) Valga per tutti la stampa pubblicitaria che l'editore Le Brun promuove sul suo *Journal de la Mode et du Gout ou amusemens du salon et de la toilette*, che nel fatidico anno 1789 ci sembrano tra le più significative pagine di réclame individuale.

8) In particolare è la struttura della gonna a subire le più sensibili varianti. Ancora a metà del Settecento si pensi agli enormi guardinfanti spagnoli e agli alti paniers ad angolo retto dei paesi nordici, quando già in Inghilterra la veste femminile è assai contenuta, quasi priva di impalcatura.

9) *Storia delle Mode* (Milano 1854), rist. anast. Milano 1981, presentazione a cura di N. Aspesi, p. 49.

10) G. Butazzi, *Moda/Arte/Storia/Società*, Milano 1981, p. 114.

11) A. Black-M. Garland, *Storia della Moda*, cura di M. Contini, Novara 1974, p. 204.

12) Nome derivato dallo storpiamento della parola 'hrvat', striscia di stoffa intorno al collo, distintivo dei soldati croati (chiamati per questo 'cravates'), mercenari al servizio di Luigi XIV.

13) M. Ginsburg, *An Introduction to Fashion Illustration*, London 1980, p. 19.

14) G. Butazzi, op. cit., p. 114.

15) F. Boucher, op. cit., p. 295.

16) Inventata dal sarto parigino Thimonnier nel 1825, si devono agli Stati Uniti i successivi perfezionamenti, tra i quali quelli di Howe & Singer verso il 1834, fino al brevetto Singer del 1851.

17) Fra i primi si ricorda 'La Belle Jardinière', fondato da Parissot nel 1824 e 'Le Bonhomme Richard' da Ternaux, fabbricante di scialli cachemere francesi, nel 1838, seguiti dal 'Bon Marché' (1852) e dal 'Louvre' (1854).

18) Cfr. cat. della mostra *La Mode au Parc Monceau, Epoque Napoléon III'*, Paris settembre 1981, p. 22.

19) H. De Balzac, *Traité de la vie élégante*, Paris 1911.

20) Sull'attività di Costantin Guys, cfr. G. Piersanti, cat. della mostra *Costantin Guys, il pittore della vita moderna*, Roma settembre-ottobre 1980.

21) Ivi, p. 55.

22) Che è anche il titolo della nota opera sull'artista, scritta da Baudelaire tra la fine del 1859 e l'inizio del 1860, e di cui ci sembra opportuno ricordare le parole; « L'idea che l'uomo si fa del bello lascia un'impronta in tutto il suo abbigliamento [...] l'uomo finisce per assomigliare a ciò che vorrebbe essere», ivi, p. 49.

23) Qualche altra notizia sulla sede del famoso atelier, nelle mie note sul personaggio, nel cat. della mostra *Roma Capitale, 1870-1911. I Piaceri e i giorni, la Moda*, Roma marzo-aprile 1983, p. 29.

24) Ivi, p. 48, nota 20; Cfr. anche scheda catalogo n. 20.

25) Per la *Mode Impératrice*, cfr. cat. della mostra *La Mode au Parc Monceau*, cit., p. 10.

26) La Maison Paquin aprì a Parigi nel 1891, e fu la prima casa di moda ad avere succursali all'estero, Londra, Buenos-Aires, Madrid. Per ulteriori notizie su questa e sulle altre case di moda parigina del tempo, cfr. il testo fondamentale di D. de Marley, *The History of Hauthe-Couture 1850/1950*, London 1980.

27) M. Delbourg-Delphis, *Le chic et le look*, Paris 1981, p. 49.

28) *Servizio Speciale di Commissioni dei Giornali di Mode dello stabilimento dell'Editore Edoardo Sonzogno di Milano*, in 'L'Emporio Pittoresco. Illustrazione Universale', a.X,n. 482 (23-29 nov. 1873), p. 247.

29) R. Levi Pisetzky, *Il costume e la Moda nella società italiana*, Torino 1978, p. 356.

30) Tutte firme di importanti sartorie fiorentine che figurano sulle etichette di altri esemplari della Galleria del Costume, non esposti in questa prima rassegna.

31) A questo proposito si ringrazia la signora Anna Bojani, per le competenti informazioni sull'attività sartoriale fiorentina e alcune precisazioni sui termini sartoriali.

32) P. Poiret, *En habillant l'Epoque*, Paris 1930.

33) Per l'influenza di Doucet sull'opera di Poiret, cfr. J. Cain, *Poiret le Magnifique*, Paris 1974, prefazione al catalogo su Poiret, del Museo Jacquemart-André di Parigi.

34) La descrizione della festa in AA.VV., *La Belle Epoque*, Milano 1977, p. 109.

35) Tra le quali fondamentale fu quella di John Redfern, per la diffusione del tailleur dai suoi 'yachting-suits', non prima del 1871, ma si devono all'Inghilterra anche i primi manuali specialistici, per lo studio tecnico del taglio da confezione del 'tailor-made suit', come quello di J. Jackson, *The improved tailors aera*, del 1829, di W. Walker, *Science complete in the art of cutting* (1839) e di J. Couts, *A practical guide for the tailors cutting-room (1848)*.

36) È del 1908 il 'Primo congresso Nazionale delle donne italiane', dove, non a caso, oltre ad una relazione di Rosa Genoni sull'arte industriale femminile, compaiono gli eleganti modelli della brava sarta, indossati da alcune esponenti, nella precisa intenzione "di apparire femminili e ben curate, proprio per opporsi alla più banale, ma più diffusa delle opposizioni: quella che riteneva incompatibili femminilità e impegno politico, o, peggio, che considerava il femminismo un 'buen retiro' per donne brutte" (G. Butazzi, op. cit., p. 206).

37) È il titolo della nota biografia di Edmond Charles-Roux, su Gabriella Chanel, detta 'Coco'.

38) M. Proust, *A la recherche du temps perdu, V°, Sodome e Gomorrhe*, Paris 1921, p. 117.

Il ballo storico
Giuliana Chesne Dauphiné Griffo

Molti degli abiti esposti nella Palazzina della Meridiana, appartennero a famiglie nobili fiorentine, e non sembri irreale immaginare che siano già passati in questi ambienti, dimora dei sovrani nella reggia del I Regno d'Italia, indossati dalle dame aristocratiche che ne frequentarono i salotti, anche se quella dei Savoia fu una corte 'democratica', in quanto a cerimoniale, improntato alla massima parsimonia e riservatezza. Il collegamento con gli esemplari provenienti dalla collezione Grazzano-Visconti, appartenuti alle famiglie Mirafiori – de Larderel e al piccolo Vittorio Mirafiori, ne sono una esplicita conferma (cat. n. 39).

Ma verifichiamo questi nomi, leggendoli nella cronaca mondana di un avvenimento eccezionale: il ballo storico che Firenze volle offrire insieme ad altre importanti manifestazioni, in occasione del V Centenario della nascita di Donatello e dello scoprimento della nuova facciata di Santa Maria del Fiore[1].

Le celebrazioni, nell'evidente recupero dell'arte rinascimentale, sono da riferirsi anche al momento dei 'revivals' medioevali, come ripresa storica dello spirito che animò gli artisti del Rinascimento: a Firenze, dal 1865, con il VI Centenario dantesco, fino alla conclusione nelle manifestazioni del 1887, anno donatelliano, con l'istituzione del Museo del Bargello e lo scoprimento della facciata del Duomo arnolfiano: avvenimenti ampiamente documentati nella cronaca italiana, ma che ci piace rileggere nel più 'fiorentino' dei giornali coevi: il *Diario delle feste fiorentine del maggio 1887*, le cui pagine ingiallite si espongono insieme agli abiti dello storico avvenimento.
'...Le signore fiorentine sfoggeranno custumi ricchi ed eleganti. I disegni dell'Orcagna, del Memmi, di Benozzo Gozzoli esistenti al Cappellone degli Spagnoli (sic!) a Santa Maria Novella, sono stati esaminati, consultati, studiati, copiati e adattati nel miglior modo possibile. Anche gli affreschi del chiostro di Santa Maria Nuova hanno fornito degli esemplari da copiare; ma più di tutti gli affreschi sono state copiate le figure dipinte in un cassone da nozze appartenuto ad uno degli Adimari che si conserva nella Galleria dell'Accademia delle Belle Arti'.

Questo è l'annuncio per il programma del Ballo Storico che *L'Illustrazione Italiana* dà nel primo dei due numeri straordinari del maggio 1887 dedicati alle tante manifestazioni e alle feste fiorentine che si tennero in occasione dello scoprimento della facciata del Duomo, opera del De Fabris. I festeggiamenti si protrassero per tutto il mese in successione senza tregua: dall'11 maggio, con l'inaugurazione della lapide e del busto a Donatello in piazza del Duomo, in occasione del V Centenario della nascita, corteggio storico e serata di gala al Teatro della Pergola, corso dei fiori, giostra e torneo alle Cascine, regate e fuochi artificiali in Arno, scoprimento della facciata, Te Deum, manifestazioni e discorsi ufficiali per il trasporto a Firenze delle ceneri di Gioacchino Rossini e loro seppellimento in Santa Croce, nonché altre innumerevoli inaugurazioni e congressi, mostre e esposizioni, tra cui quella donatelliana al Museo Nazionale. Firenze fu illuminata a festa per onorare i sovrani, Umberto e Margherita, che giunsero nella città l'11 maggio col principe ereditario, per assistere a tutte le celebrazioni di cui si conservano copiose cronache e memorie[2]: fra tutte, fondamentale resta il prezioso volumetto dello storico Aurelio Gotti, direttore del Museo Nazionale, del 1890: *Narrazione delle feste fatte in Firenze nel maggio 1887, per lo scoprimento della facciata di Santa Maria del Fiore*, e, ultime nel tempo, le notizie fornite da Roberta Orsi Landini nel Catalogo della recente Mostra *La città degli Uffizi*, Firenze, Palazzo Vecchio, 1982-83, pp. 155-156, a proposito di tali feste, per l'esposizione dell'abito indossato dalla Signora Paolina Levi, ora esposto fra gli altri nella Galleria del Costume (cat. n. 37).
Lunghi gli elenchi delle rappresentanze di stampa pervenute a Firenze, tra giornali italiani, riviste, agenzie, ma particolarmente significativo ci sembra il sopracitato *Diario*, rara serie di alcuni numeri

straordinari editi a Firenze dal maggio 1887, solo per documentarne gli avvenimenti: 'la serata storica fu anche, ma non solamente, nè specialmente un divertimento gratissimo: ma fu una vera lezione di storia, fu un eloquente incitamento a nobili imprese. Quei costumi che ci richiamavano alla memoria la storia di quasi quattro secoli apportatori di tanta gloria e di tante sventure, ci pareva che dicessero ai rappresentanti di tante brillanti casate: l'amore vostro per arte, per la patria e per la religione recò un di gloria e spendore all'Italia[3]'.
Per la 'splendida festa che il Municipio di Firenze ha decretato di dare la sera del dì 14 corrente in Palazzo Vecchio, si costituì una commissione dei più illustri nomi dell'aristocrazia fiorentina i cui stemmi compaiono sulla facciata, tra cui troviamo il Marchese senatore Carlo Alfieri di Sostegno, il marchese Franco Carrega Bertolini, il conte Giulio Rucellai, nonché lo stesso sindaco, il marchese senatore Pietro Torrigiani, presidente, mentre il marchese Ippolito Ginori Venturi e il marchese Carlo Ginori, deputato, con il marchese Carrega Bertolini erano tra i promotori del Corteggio Storico e Torneo, e in altre commissioni. Tra le signore, donna Giuliana Ricasoli Firidolfi, la marchesa Emilia Carrega Bertolini, la marchesa Tecla Ginori Venturi e la baronessa Levi fecero parte delle commissioni, oltre a conservarci i loro vestiti (cat. nn. 38,36,37,37 bis). Per offrire alla Regina le immagini di tali costumi, dipinti dagli 'egregi artisti Massani e Bianchi'[4], fu deciso di raccoglierle in un album cromolitografico. Tanti i progetti, le discussioni, le polemiche sorte intorno all'organizzazione del ballo storico, che si voleva rigorosamente ricostruire: 'S'è criticata la commissione per il ballo storico, ch'è presieduta dal marchese Torrigiani, sindaco di Firenze, preché ha provveduto ad illuminare a luce elettrica il Salone dei Cinquecento. Si dice che anche quello è un anacronismo, ma il gas e la stearina non sarebbero un anacronismo minore. Si sarebbe dovuto illuminare il salone a cera e sarebbe stata cosa non agevole, né feconda di gran resultato'[5] e infatti: 'per conto mio, giacché gli anacronismi erano inevitabili, avrei preferito anche l'anacronismo del gas o della luce elettrica a quello della stearina, e credo che fossero della mia opinione tutti quelli che tornarono a casa con il costume o l'abito costellato di gocciole bianche – e furono senza dubbio i diciannove ventesimi dei presenti'[6].
I sovrani entrarono nel salone dei Cinquecento alle 23,15 del 14 maggio: 'S.M. il re era in frac, col collare dell'ordine della SS. Annunziata. S.M. la Regina era vestita di stoffa celeste e argento con trine parimente d'argento; aveva uno splendido diadema di brillanti, e magnifiche perle [...] La maestosa sala coperta di splendidi arazzi, le meravigliose pitture del Vasari, il soffitto di magnificenza regale era illuminato da mille e mille faci [...] Si calcola che più di duemila fossero gli intervenuti e tra questi più di millecinquecento in costume'[7]. Gli invitati sfilarono davanti ai sovrani al suono di un minuetto, ma presto le coppie si animarono nei valtzers di Strauss e in quadriglie da operette francesi. All'una i Sovrani e il loro seguito furono serviti di un buffet nel quartiere di Leone X, mentre per gli invitati le tavole erano preparate nella gran sala dei Duegento. In mezzo a quella folla di gente d'arme e di toga, di castellani e di priori di libertà, di badesse, di pellegrine e di nobil gentildonne; fra tutti quei roboni di scarlatto e quelle gonne sulle quali rampavano leoni e draghi araldici (cat. n. 36, 37bis e 38 [...], citiamo la signora Paolina Levi (splendido costume di dama del '300) (cat. n. 37), la marchesa Ginori Venturi (una Rucellai del '300) (cat. n. 36), il marchese Ippolito Ginori Venturi (abito di cavaliere del '300, ricamato sulla tunica l'arma della sua casata...)[8].
Questa è la cronaca dell'avvenimento eccezionale, il Ballo Storico fiorentino ma del resto la voga del 'bal masqué', o 'costumé', sempre in auge è particolarmente diffusa per tutto il secolo XIX ed anche la nobiltà fiorentina predilesse quest'uso, come ricordano le copiose cronache coeve, fin dai memorabili balli offerti dal Principe Nikita

Demidoff nella sua villa di San Donato e dai suoi eredi in quella di Pratolino. Suo figlio Anatolio sposò la Principessa Matilde, figlia di Gerolamo Bonaparte, fratello di Napoleone, che dimorava nel bel palazzo lungarno (più tardi Serristori), passato per dote in proprietà dei Demidoff, e sede di altri celebri balli mascherati.

Nipote di Napoleone I e dello Czar di Russia (da cui era prediletta), la principessa Matilde, come è noto, fu un personaggio carismatico nell'alta società internazionale dell'Ottocento, specialmente per il ruolo determinante alla corte di Napoleone III, prima di Eugenie Montijo, ma risalgono a quei primi anni fiorentini del suo infelice matrimonio, le testimonianze letterarie e figurative degli splendidi ricevimenti nel palazzo di Firenze e in villa, a cui partecipò, in maschera, il 'gratin' dell'aristocrazia internazionale. I nomi compaiono in due preziosi acquerelli firmati 'A. Géniole', datati 1844 e '45 e in una serie di modelli per abiti, col 'collage' dei tessuti impiegati e il nome delle dame a cui si riferiscono, ora sul mercato antiquario[9]. Fra quelli, fino ai balli mascherati di fine secolo e di questo, prima della Grande Guerra, ci passa un mondo 'in costume' (cat. n. 39), per non citare la distruzione del ghetto di Firenze, durante i lavori di ristrutturazione della città per farne la capitale, quando per giorni quel quartiere si trasformò in 'casbah'.

Qualche accenno ai balli in maschera dello scorcio del secolo, con le parole di un appassionato fiorentino: 'L'Italia 'bene' danzava il tango in forma ufficiale, e nelle ville private organizzava balli in costume: la Persia e i suoi costumi ne erano, chissà perché, il modello ideale. La marchesa Luisa Casati si può dire fosse stata in Italia l'iniziatrice della moda; a Firenze: gli Acton, quella sera della villa Schifanoia indossarono dei costumi tratti da un disegno di Poiret, che si era ispirato a preziose miniature persiane. Il tema era quello del doge di Venezia che riceve un'ambasceria dello scià: c'era da sbizzarrirsi; lavorarono i sarti e i costumisti teatrali. Si cercava...'[10].

Come si vede, le suggestioni dalle prime invenzioni parigine di Poiret, di cui la festa persiana del 24 giugno 1911 (cat. p. 22), fu l'emblematico prototipo su cui esemplarsi, andavano seducendo ovunque, e non solo a Firenze: sempre a Parigi una serie di analoghi avvenimenti seguì dall'anno seguente la festa persiana, con 'Les Fêtes de Bacchus', memorabile balletto di Isadora Duncan, con inviti disegnati da Fauconnet, e, tra il 1912 e il 1914, il 'Bal des perroquets', tutto in viola e rosso al Teatro dell'Opéra; la 'Festa d'oro' a Cannes, e poi ancora a Parigi, a New-York, innumerevoli spettacoli strepitosi in cui l'infaticabile Poiret si prodigò, profondendo le sue geniali invenzioni durante gli 'anni folli' che chiusero la Belle Epoque sui gravi fatti di Seraijevo.

1) La facciata, opera del De Fabris, fu scoperta il 12 maggio 1887. Nutrita la stampa intorno a questo argomento che continua ancora a interessare, fino alle ultime polemiche intorno alla datazione, seguite all'articolo di Ugo Cappelletti su *La Nazione* di Firenze del 3 luglio 1983, in cui, nel centenario della morte del De Fabris, si ricordava l'avvenimento.

2) Alcuni documenti dell'epoca furono esposti alla mostra *Città degli Uffizi, I Musei del futuro*, 1982-83, n. 38, p. 65.

3) *Diario delle feste fiorentine del maggio 1887*, n. 16 (17 maggio 1887), p. 63.

4) *L'Illustrazione italiana*, II° numero straordinario del maggio 1887, p. 19.

5) Ibidem.

6) Ivi, numero successivo, a.XIV, n. 21 (22 maggio 1887), p. 366. Da notare infatti che alcune gocce di cera sono state individuate sul cappello a cono del costume della Signora Levi (cat. n. 37).

7) *Diario... cit.*, n. 16 (17 maggio), pp. 62-63. Dalle cronache coeve citiamo ancora che "sull'abito di società è ammesso un lucco della foggia di quelli usati nei secoli *XIII e XIV per tutti i signori ai quali sia mancato modo e tempo di procurarsi un abito del tempo suaccennato. Per le Signore che siano nelle stesse condizioni è ammessa la foggia speciale di abiti che si trova esposta presso il laboratorio di sarta e modista della Signora Emilia Bossi in via Rondinelli (ivi, numero 9 del 9 maggio, p. 35)*.

8) Ibidem e *L'Illustrazione Italiana*, a.XIV, n. 21, p. 366. Probabilmente anche sulla tunica del marchese Ginori Venturi era ricamato il leone rampante come sulla tasca dell'abito della consorte (cat. n. 36).

9) *Appennino*, catalogo dell'Asta Sotheby's, Firenze (villa Demidoff), 1969. Lotti nn. 284-287.

10) M. Vannucci, *Il mondo era in città, mezzo secolo in posa*, Firenze 1977, p. 125.

Taglio, cucito, rammendo
nella cultura sartoriale del secolo XIX
Ornella Morelli

Nel corso del secolo XIX, il settore dell'abbigliamento, investito dai nuovi processi manifatturieri, adegua il proprio apparato produttivo ai meccanismi della serie ed alle 'leggi di un mercato in espansione: si moltiplicano e si precisano i 'pezzi' in fase progettuale, se ne programma il montaggio sulla base di una radicale contrazione del repertorio dei modelli, mentre stoffe ed ornamenti cominciano ad essere eseguiti industrialmente. L'omogeneità delle forme e dei metodi è però compensata dal contributo delle variazioni tecniche a cui spetta di ricostituire una gerarchia qualitativa delle differenze che rifletta i diversi livelli di censo e la molteplicità delle occasioni d'uso.

Le riviste specializzate dedicano uno spazio crescente al gioco di 'lievi mutamenti' e 'piccole modificazioni' da cui dipende ora la qualificazione formale dei prodotti di moda. Intorno alla metà del secolo il *Giornale dei sarti** riferisce che se tra 'i vestiti di fantasia' 'l'abito tagliato in un pezzo solo [...] è la forma più comune che vediamo da lunga pezza, e probabilmente essa si serberà di moda per varie stagioni', gli unici mutamenti ammessi saranno quelli relativi ai 'particolari del taglio e della guarnizione'. A loro volta, 'la redingote di lusso poi e l'abito si manterranno tal quali s'usano da più anni: il colletto, le rivolte, alcuni piccoli particolari di falde più o meno lunghe, più o meno svelte, e invece dei paramani delle alette; ecco tutto quello che ci si può aspettare'. In quanto alle 'giacche' tutte 'le varietà necessariamente si verificano nella parte dell'abbottonatura' e le diverse forme 'si distinguono dalla bottoniera[1] semplice o doppia', assimilata adesso alla categoria delgi ornamenti. Anche le piccole 'novità' divengono protagoniste insospettate delle più ampie mutazioni, se è vero che la 'nuova disposizione del taglio della maggior parte degli abiti ne cambia l'aspetto generale più che non si crederebbe a tutta prima'.

La stessa classificazione economica degli indumenti viene operata oltre che in base ad una fondamentale distinzione di taglio (inglese e francese) anche alla presenza opzionale di una serie di elementi accessori tradizionalmente registrati come 'secondari': impunture, spighette, orlature, fodere e mezze fodere, colli, risvolti, ovattature semplici, doppie, a disegno minuto, sono adesso in grado di far ruotare sensibilmente il valoremerceologico di un capo di vestiario e di orientarne la destinazione.

La vicenda delle prime configurazioni sartoriali e degli originari procedimenti di esecuzione resta chiusa nei segreti dell'arte, sepolta nei complicati regolamenti corporativi che fino dal secolo XIII erano intervenuti a protezione del lavoro, con lo scopo di garantire gli affiliati dall'iniziativa esterna e dal rischio di contraffazioni. L'abitudine all'occultamento delle procedure costruttive, si conferma e si intensifica, sia pur con valenze e fini diversi, anche in ambito di libera concorrenza. Il complesso delle conoscenze tradizionali passa ora da patrimonio collettivo dell'arte ad appannaggio personale del maestro di sartoria contribuendo ad elevarne le quotazioni e, nei casi più fortunati, a crearne il mito e la leggenda. Un'inversione di tendenza si delinea soltanto intorno alla metà del XVIII secolo quando, nel quadro della rivalutazione delle attività umane e della razionalizzazione dei modi produttivi, la cultura dell'Illuminismo promuove una rifondazione teorica delle Arti e dei Mestieri che trova nelle tavole e nelle voci dell'*Encyclopédie* il proprio manifesto e la propria codificazione ufficiale. Un multiforme bagaglio di norme di lavorazione e di tradizioni artigiane fin qui consegnate alla pratica esclusiva della comunicazione orale viene ora collazionato e ricondotto alla unità linguistica e concettuale di un sapere ordinato e trasmissibile. Si costituisce così un corpus di conoscenze selezionate e normalizzate la cui gestione, sottratta al tradizionale circuito della bottega, è affidata alle strutture istituzionali cui compete la formazione rapida di una nuova leva di operatori, destinati in

prospettiva ad inserirsi nel processo di industrializzazione del prodotto di moda.

Il secolo XIX prosegue e allarga l'opera di divulgazione del secolo precedente: da una parte si producono sintesi terminologiche ulteriori che, superando definitivamente la parzialità dialettale dei lessici artigiani, aspirano ad attribuire alla materia un pieno statuto sistematico-scientifico, dall'altra l'esercizio della didattica si propaga dal versante pubblico dei centri professionali a quello privato della famiglia, al seguito di una rivalutazione del nucleo domestico come fulcro economico-educativo e della donna come destinatario di questo sapere e tramite della sua diffusione. Una letteratura manualistica agli esordi, fiancheggiata da un folto gruppo di riviste di moda, fornisce dell'indispensabile magistero tecnico i membri femminili della famiglia, sospinti alla pratica del 'far da sè' da una educazione improntata a severi principi di autonomia produttiva e di economicità, gli stessi che determinano l'inserimento del 'cucito' tra le materie insegnate nella scuola.

In quest'ambito si compilano anche le prime 'guide storiche' relative all'utensileria professionale che illustrano e commentano la genesi e la parabola evolutiva degli strumenti di produzione, contaminando i recenti interessi per l'antropologia, l'economia politica, la storia naturale, con la tradizione biblica ed i racconti simbolico-fantastici della leggenda popolare; il linguaggio narrativo e familiare del 'romanzo per signorine' col 'lessico duro' dell'industria.

Per tutto il corso del XIX secolo si concentra soprattutto sull'abito maschile la ricerca di sempre più efficaci metodologie di misurazione e di taglio che, assecondando le esigenze di praticità e rapidità di esecuzione del produttore, offrano ad ogni utente – anche a quello fisicamente svantaggiato – la possibilità di adeguarsi alle proposte della moda senza contravvenire all'imperativo di una 'inappuntabile confezione della propria immagine'. Nei tradizionali sistemi di rilevamento, una molteplicità di punti di presa fittamente distribuiti sui tratti salienti del corpo venivano quotati attraverso un'opera diretta ed analitica di misurazione fino a far emergere un esauriente 'identikit' antropometrico, fedele alla singolarità anatomica del soggetto. I nuovi sistemi metrico-proporzionali inaugurati intorno alla metà del secolo, procedono invece alla compilazione di tabelle tipologiche ('scale di proporzione') in cui a partire da due soli punti chiave – per lo più altezza e 'grossezza' (circonferenza alla vita o al 'petto') – vengono calcolate, sulla base di rapporti proporzionali prefissati, tutte le altre misure. La conoscenza dei due valori fondamentali riportati sulle rispettive scale metriche consente di recuperare automaticamente il quadro dimensionale complessivo. La meccanicità del metodo garantisce non solo la rapidità dell'operazione, ma anche la certezza scientifica dei risultati, eliminando il margine d'errore connaturato all'empirismo delle misurazioni multiple e ripetute[2].

Alla normalizzazione metrica si accompagna la stilizzazione del 'tracciato-tipo', su cui il canone misurativo estratto dalle scale di proporzione può essere trasferito, compensando opportunamente gli eventuali scarti. Si perviene così al 'modello esecutivo' corredato di tutti i valori necessari alla prefabbricazione del 'modello tagliato'[3] La modularità dei metodi di proporzionamento, assimilabile al moderno sistema delle taglie, non esclude il rispetto calcolato delle 'differenze' dei corpi. Sulla base dei risultati offerti dagli studi di medicina antropologica, la moltitudine delle varianti individuali viene catalogata e trasferita in una ricca campionatura di classi ('conformazioni') rapportata alle fasce d'età ed al repertorio delle 'complessioni' (tipo longilineo, brevilineo ecc.) Il 'modello tipo' si scinde allora in una casistica di 'modelli modificati' capaci di rendere ragione della accidentale varietà dei corpi[4].

Vengono inoltre messe a punto inedite 'metodologie correttive' di

taglio, che operino discretamente un'ulteriore revisione anatomica dei modelli, in modo da adattarli alle più comuni deviazioni fisiologiche impresse sul corpo dal decadimento fisico dell'età o da 'malattie' socio – professionali. Ad ogni quadro clinico corrisponde una puntuale 'terapia' sartoriale, volta a ridistribuire gli effetti della deformità su tutto l'abito, modificando il sistema delle misure canoniche a partire da un elemento invariante assunto come cardine del processo di assestamento. Le anomalie dei corpi vengono quindi non più solamente compensate, cosi come in passato, attraverso un congegno di protesi imbottite interne all'abito, ma 'sanate chirurgicamente' dalle forbici del maestro di sartoria, o, nel caso di un prodotto industrializzato, dai mezzi meccanici del tagliatore-sarto. L'abito non maschera la deformazione ma la incorpora, la diluisce attraverso successivi bilanciamenti, fino ad assorbirla e ricomporla in un quadro complessivo di normalità. Prima l'abito esemplato su un corpo ideale risultava separato e anteriore al corpo concreto e successivamente ad esso adattato per via di integrazioni posticce. Ora il corpo ideale, – o meglio la sua versione 'moderna', il modello tipo,– è subito rivisitato e ripensato alla luce della deformazione.
Le proposte di sempre nuove metodologie di taglio e di costruzione del cartamodello si riflettono anche al livello minimo della manualistica per famiglie e dei testi guida all'insegnamento dei Lavori Femminili nella scuola elementare e tecnica. Suddivise in cicli di 'lezioni' che occupano lo spazio di poche pagine o ripartite tra le voci delle enciclopedie domestiche, le 'istruzioni sul modo di disporre le stoffe e di tagliare gli abbigliamenti' si prefiggono di ricondurre, per effetto di opportune semplificazioni, alla lettrice media, – 'madre affettuosa o ragazza intelligente' che sia, – il magistero tecnico della professione, nell'ambito di una campagna di sostegno a favore delle 'domestiche prosperità'.
I metodi più divulgati, graduabili secondo la competenza degli esecutori, sono desunti, oltre che dalle indicazioni della sartoria ufficiale, dalle 'revisioni' dell'industria della confezione, ugualmente impegnata a schematizzare progressivamente l'aspetto tecnico in funzione di un incremento e di una razionalizzazione della produttività. Si provvede a fornire per ogni capo un rigido paradigma di misure prefissate[5], ovvero ad assumere come parametro per la costruzione di ogni modello i valori del corsetto[6], ritenuto – quando si comincia a delineare una genetica vestimentaria – 'la base di ogni altro abbigliamento'. Quest'ultimo metodo risulta largamente impiegato dalle case di moda semi-industrializzate che affiancano alla vendita di articoli confezionati una produzione su misura a basso costo da realizzarsi in tempi eccezionalmente ristretti (entro otto giorni dalla commissione).

Con l'intento specifico di offrire al 'lettore studioso' la possibilità di un facile e rapido apprendimento, sostitutivo di un completo tirocinio manuale di tipo artigiano, e di fornire all'artigiano stesso 'vedute ch'egli forse non avrebbe mai avuto' e 'osservazioni ch'egli non avrebbe fatto che dopo molti anni di lavoro', il patrimonio di esperienze relative al cucito è compendiato in un circoscritto corpus di nozioni elementari 'comuni' a tutti i differenti livelli e gradi della produzione, e predisposto allo studio, come già il taglio, mediante un sistema espositivo concatenato di tipo enciclopedico. Iniziando dalle nozioni 'storiche' più generali sugli 'oggetti' (utensili e macchine), sulle materie prime e sui 'principali prodotti che se ne ricavano', 'l'arte materiale del cucire ma ben anco quella del tagliare e confezionare le biancherie e gli abbigliamenti più comuni' viene 'raccontata' succintamente nei suoi temi fondamentali e nei 'principi essenziali', in modo da 'seguire col discorso il procedimento dell'artigiano' e, 'spiegando e rappresentando la mano d'opera e le principali operazioni in una o più figure ove si vedono a volte le sole mani dell'artigiano, a volte l'artigiano intero all'opera', mostrare la

progressione attraverso cui si perviene dalla materia all'esito finale. I modi di cucire, le specie di cuciture e de' punti, i modi di applicazione degli accessori (nastri, occhielli, bottoni, ganci ecc.) da un lato, e 'le istruzioni sul modo di disporre le stoffe, di prendere le misure sul corpo, di disegnare e tagliare il modello' dall'altro, separati in settori funzionalmente correlati ma concettualmente distinti, vengono ordinati secondo una genealogia scientifica, che, procedendo dal semplice al complesso, individua i caratteri distintivi e 'le proprietà materiali' di ciascuno di essi dissociando quelle 'più evidenti e palpabili' da quelle 'meno sensibili degli usi'.
L'intero nucleo tecnico-operativo delle cuciture viene fatto derivare, per filiazione diretta o attraverso una sequenza di innesti incrociati, da quattro specie di punti semplici – punto a filza, punto indietro, soppunto, punto d'orlo – dei quali sono di volta in volta valutate le capacità connetive, ed esposti il numero e il tipo degli interventi d'ago necessari all'esecuzione. Questi ultimi, uniti alle modalità d'accostamento delle marginature dei tessuti (sovrapposizione o giustapposizione) e al calcolo dell'intervallo di separazione di ciascun punto dall'altro, costituiscono, all'interno del sistema dei punti elementari, la discriminante fondamentale per la reciproca individuazione delle specie.

Mentre fin dal secolo XIV i termini 'rotto e ripezzato', stabilizzatisi in una sorta di indissolubile binomio, erano stati considerati sinonimi di indigenza ed insieme di riprovevole condotta morale. E ancora nel secolo XVIII si sottolina con una punta di biasimo che 'al giorno d'oggi ormai solo gli operai nei giorni di lavoro e i poveri osano andare in giro con un vestito rattoppato'[7]; nel secolo successivo il 'risarcimento' del tessuto è riscattato dalla condizione originaria di tecnica al servizio dell'indigenza e promosso ipso facto al rango prestigioso degli 'ouvrages des dames'. Nell'ambito delle attività edificanti dei 'lavori d'ago', viene vissuto come strumento di una pedagogia della pazienza – virtù domestica primaria della donna – e compensa allora la propria povertà creativa e la propria ripetitiva meccanicità con l'ingegnoso virtuosismo dell'esecuzione. Può cosi entrare a far parte di quelle 'meraviglie' che 'l'ago e il filo possono produrre quanto il pennello d'ispirato pittore ed il bulino di paziente incisore', trovando posto tra i generi che surrogano in chiave di dilettantesca creatività domestica l'esercizio delle arti figurative e segnatamente della pittura. Ancora nell'ottica delle 'virtù domestiche' e dell'educazione artistica della donna, il restauro tessile subisce la prima classificazione normativo scientifica.
Se infatti sullo scorcio del secolo XVIII non si riscontra ancora alcun indizio di ordinamento della materia, alla fine del secolo successivo i lavori di riparazione risultano ormai articolati – all'interno dei due gruppi fondamentali, la toppa ed il rammendo – in una sequenza di generi differenziati. Nell'ambito di una ridistribuzione delle competenze e di una precisazione delle tecniche esecutive, il caso di sfibramento del tessuto o di caduta accidentale e sporadica dei fili è assegnato alla categoria del rammendo, la corrosione grave a quella della toppa. Al rammendo tradizionale – ora definito come 'antico' per ribadirne l'arcaismo della foggia – che impiegava una sequenza di punti a sopraggitto, semplici o alternati orizzontali o a spina pesce, tentando una sommaria ricomposizione dei lembi logori, vengono opposti quattro nuovi generi: il rammendo di tela, il rammendo a trama liscia e incrociata, il rammendo damascato e il rammendo invisibile. Questi ultimi, calibrati contemporaneamente sulla consistenza del tessuto e sulla forma della lacerazione ed eseguiti con aghi speciali e appositi cotoni colorati – e talvolta perfino capelli[8] – operano un'integrazione interna che ripristina sistematicamente catene e trame e ne ricompone artisticamente il modulo decorativo, fino a riassorbirvi completamente il rammendo. Basta confrontare la serie dei 'rammendi antichi' disseminati sulla fodera dell'esemplare n.

5 del catalogo con il 'rammendo integrativo' del più tardo esemplare n. 17, per apprezzare il livello di perfezione tecnica raggiunto negli ultimi decenni del XIX secolo. Gli uni, pur essendo eseguiti 'a regola d'arte', emergono con evidenza dal piano del tessuto suscitandovi sbalzi e discontinuità; l'altro ne ricompone esattamente la quadrettatura e solo il tatto è in grado di rivelarne la presenza.

* Le citazioni interpolate al testo, quando non altrimenti indicato, sono estratte da: *Il Corriere dei Sarti*, V-IX, 1869-1873; *Giornale dei Sarti*, XVIII-XIX, 1875-76; *Il Tesoro delle Famiglie*, X, 1875; *Il Giornale delle Famiglie*, XXV-XXVI, 1871-72; *L'eco della Moda*, X-XVIII, 1897-1905; G. Ubicini Cattaneo, *Enciclopedia dei Lavori Femminili*, Milano, s.d.; Th. De Dillmont, *Encyclopédie des Ouvrages de Dames*, Paris, 1898. L'omogeneità di queste opere, rappresentative di un filone unitario di pubblicistica specializzata tra 1865 e 1900, giustifica un riferimento bibliografico complessivo piuttosto che una serie di rimandi puntuali.

1) Riviste specializzate e manualistica divulgativa indicano con 'bottoniera' un particolare tipo di occhiello e non già 'l'ordine dei bottoni di una veste', come vorrebbe l'accezione corrente (N. Tommaseo-B. Bellini, *Dizionario della Lingua Italiana*, Torino, 1865). 'Per verità a voler parlare italiano, si dovrebbe dire occhielli e non già bottoniere, ma noi ci permettiamo questa voce francese per distinguere questo genere di occhielli, che sono oblunghi, dagli occhielli rotondi' (G. Ubicini Cattaneo, op. cit., p. 86).

2) 'Il torto dei metodi in cui non s'impiega la scala è di spendere tutto il tempo disponibile a tagliare in calcoli infiniti, invece di indicare rapidamente dove si deve tracciare tale o tale parte se la conformazione è regolare lasciando apprezzare tutte le eccezioni giudicate convenevoli. La scala è la macchina a tracciare, la regola del calcolo l'utensile che dà rapidamente e sicuramente il modello-tipo sulla grandezza dimandata. Colui che taglia è l'intelligenza che modifica il modello seguendo le conformazioni indicate e le sue apprezzazioni personali' (*Il Corriere dei Sarti*, VIII, X, 1872).

3) 'Modello esecutivo' e 'modello tagliato' sono termini tecnici della sartoria ottocentesca. Individuano rispettivamente lo sviluppo disegnativo 'in scala' dell'abito, corredato già delle misure specifiche, e il cartamodello a grandezza naturale. Cfr. *Giornale dei Sarti*, XIX, 1876.

4) Entrambi i termini risultano impiegati dalle riviste 'di categoria' per indicare, nel primo caso, il 'modello preso sulla misura generale' e nel secondo, il 'modello preparato per ricevere le modificazioni necessarie alle varie strutture fisiche e adattarsi ai vari sistemi di lavori'. (Cfr. *Giornale dei Sarti*, XIX, 1876).

5) 'Per disegnare – ad esempio – un mantelletto semplice, si tira una linea perpendicolare, lunga 120 centimetri, alla sommità della quale si segna 0, poi, discendendo, 6, 14, 18, 21, 28, 61, 105, ed infine 120. In faccia ad ognuna di queste cifre si tirerà una linea di squadra, la prima, quella che parte dal punto 0, è lunga 50 cent.; la seconda, in faccia al punto 6, lunga 13; la terza, 11, la quarta, 9, la quinta, 18, la sesta, 45, la settima, 21, e la ottava, 32. Si disegna in seguito il mantelletto; passando per tutti i punti indicati dalle diverse cifre'. (G. Ubicini Cattaneo, op. cit., pp. 152-153).

6) 'Per disegnare questo mantelletto, abbiamo impiegato un metodo affatto diverso. In luogo di ricorrere alle cifre ed alle linee, abbiamo eseguito questo tracciato coll'aiuto del corsetto. Questo processo domanda una certa abilità di mano, che sembra a prima vista offrire delle difficoltà, ma che si acquista, tuttavia, molto facilmente, specialmente dopo un certo tempo di esercizio. Del resto, è il metodo più semplice e più comodo che sia possibile d'inventare, poiché permette coll'aiuto dei principali pezzi del corsetto, di tagliare tutte le forme di vestiti'. (G. Ubicini Cattaneo, op. cit., p. 155).

7) *Encyclopédie ou Dictionnaire raisonné des Sciences, des Arts et des Métiers*, Paris, 1751-1772, voce 'Rattoppare'.

8) Al grado più alto della perfezione esecutiva viene posta 'la reprise perdue de cheveux' 'rammendo invisibile conosciuto solo da pochi'. 'Richiede molta pazienza e regolarità' ma offre incontestabili vantaggi. 'I capelli sono infatti più robusti dei fili tolti alla stoffa e meno visibili della seta o di qualsiasi altro filo; in particolare i capelli rossi e bianchi. Inutile far notare che devono essere accuratamente sgrassati prima dell'uso' (Th. de Dillmont, op. cit., pp. 35-36).

I costumi esposti ci pemettono di analizzare alcuni aspetti della moda dal XVIII al nostro secolo e di sottolineare, senza difficoltà, il sostanziale significato che merletti e ricami ebbero all'interno del complesso sistema dell'abbigliamento; entrambi, differenziandosi da tutte le arti tessili, concretizzarono il loro fine in una sola esigenza, quella dell'ornamento, ma riuscirono tuttavia, se pur in funzione accessoria, ad esprimere le varie epoche nei loro aspetti sociali, economici ed artistici. Per il loro comune utilizzo sono stati spesso confusi insieme, lo stesso Garzoni nella sua *Piazza Universale*[1] riunisce le due tipologie in un'unica descrizione '... Quest'arte si esplica nel lavorar con specie di disegno mille fantasie che insegnano libri appropriati a questo mestiero [...] et questo mestiero è più d'ornamento che di comodo e più di femine che di homine. Tutta quest'arte si richiude nel ricamatore, nei telai, negli aghi, nelle forbici, nel ditale, nel punteruolo, nel tagliare, nel filzare...'. I due tipi di lavoro, invero, per tecnica, materiale e origine, ebbero storia particolarmente diversa, anche se in certi secoli, fu loro affidata la stessa funzione di arricchire abiti maschili e femminili, raffinati arredi e di esprimere così, attraverso i loro effetti leggiadri il gusto e il lusso delle classi dominanti.

I merletti nascono con una funzione esclusivamente decorativa. I primi esempi apparsi alla fine del XIV secolo[2], (filet, buratti e reticelli) già tentavano di alleggerire la tela degli addobbi domestici ed ecclesiastici, ma bisognerà attendere il tardo XVI secolo per vedere i lavori ad ago e quelli a fuselli, apparsi con qualche ritardo, rendersi completamente liberi dalla struttura della tela. L'evoluzione delle tecniche esecutive, volte ad un continuo perfezionamento, è rintracciabile nell'analisi di numerosi esempi attraverso i secoli, che dimostrano l'adattabilità del genere sia al continuo rinnovamento dei motivi stilistici, che ai dettami della moda. Così i 'punti piatti' o 'à la rose' di Venezia, riducendo i rilievi o essendone del tutto privi, rispetto all'originario 'Venezia a grosso rilievo', meglio potevano piegarsi nei colli e nei 'jabot', come pure l''application de Bruxelles', sarà tanto apprezzata dalla moda del Primo Impero per i suoi fondi a rete leggeri e i nuovi 'point de gaze' e 'duchesse', nati nel XIX secolo, soddisferanno il gusto e le diverse disponibilità economiche delle borghesia ottocentesca.

L'origine e la tradizione dei ricami appare invero assai diversa. Tralasciando le numerose e assai più antiche testimonianze del mondo orientale, la nascita è collocabile già in epoca classica e la diffusione interessa vastissime aree etniche e geografiche. Il ricamo, sin dal Medio Evo, in vari paesi europei, nonostante gli venisse affidata la funzione di decorare oggetti personali, quali borse, guanti, cappelli, era piuttosto destinato all'illustrazione di eruditi programmi iconografici: storie di santi, tradizioni popolari o simboli civili, come gli stemmi araldici sugli standardi e sulle bandiere. In sostanza una forma di pittura ad ago, come la definisce lo stesso Vasari, che ne ebbe sempre grande considerazione. Durante il Rinascimento, in Italia per esempio, i disegni per i ricami venivano commissionati ad artisti quali Sassetta, Bellini, Pollaiolo, Botticelli, Raffaellino del Garbo, ricamatore lui stesso fino a ventisei anni. Lo stesso Raffaello non disdegnò di dedicarsi alla composizione dei disegni preparatori, in perle e cose di pregio, destinati alla camera da letto di Francesco I, come pure il Bernini disegnò un piviale da ricamare per Alessandro VII.

La dignità di arte legata a tale genere è confermata dal fatto che i lavori erano per tradizione affidati agli uomini. I ricamatori erano infatti sin dal XIII secolo organizzati in corporazioni o laboratori attivi nelle corti e sottoposti ad una precisa e rigida preparazione professionale. L'abilità esecutiva era rilevante già nel Medio Evo e non si può certo parlare per il ricamo, come invece per i merletti, di una successiva evoluzione tecnica. Infatti l'uso dei ricami in oro era già una realtà nel Medio Evo. L' 'or nué' era tecnica assai complessa, oggetto di

competenze specifiche; dal XVI secolo in poi anche i ricami a rilievo, utilizzati poi tanto nel XVII e XVIII secolo, trovano le loro prime espressioni. Se si osservano le testimonianze antiche, dunque si vede che ben presto si era costituito quel patrimonio di punti e di tecniche che continuerà ad essere tradizionale usato; risalta piuttosto il fatto che alcuni punti, già conosciuti nell'antichità scompaiono durante certi periodi, per tornare poi ad essere utilizzati nel momento in cui meglio servono ad esprimere motivi decorativi. Già nei primi ricami sciti del I secolo a. C., per esempio, sono presenti i punti di fermatura, che nelle loro tante possibili applicazioni determineranno i molti effetti dei ricami d'oro del '600 e '700. L'antichissimo 'punto in croce' ricompare solo dal '500 in poi, mentre il 'punto catenella', all'apparire nel XVI secolo dei punti più fini, come il 'serrato' o il 'punto diviso', cadrà in disuso, per essere di nuovo importante nel '700.

È solo a partire dal XVI secolo che si affermò il comune utilizzo di merletti e ricami: la voga degli uni non escluse quella degli altri, insieme o separati decorano gilet o giacche, formano colli, polsi, balze e accessori di ogni tipo. La loro massiccia introduzione nell'abbigliamento si verifica nel momento in cui la moda acquista una funzione sociale ben definita: uomini e donne vengono consigliati sui modi di abbigliarsi, si tentano le prime sistematizzazioni dei costumi, si avvia una prima coscienza storica dell'evoluzione dell'abbigliamento e del suo significato. 'Perché gli abiti domestici sono molto soggetti alla mutazione, più che le forme della luna, non è possibile in una sola descrizione mettere tutto quello che si può dire'[3]

Nel XVII secolo l'abbigliamento e l'ornamento acquistano una nuova e decisiva funzione economica: nelle industrie e nei commerci dello stato mercantilista la moda diventa fonte di lavoro e oggetto di produzione. Quando nel 1665 la Francia di Colbert aprì le Manifatture di Stato determinò profonde trasformazioni nell'impiego della manodopera e nelle tecniche della lavorazione. Si assiste ad un primo processo di divisione del lavoro: il disegnatore, che resta una figura esclusivamente maschile, fornisce il modello che viene poi utilizzato indifferentemente per merletti, ricami, stoffe e più in generale per vari generi di arti applicate; le lavoranti acquistano una precisa preparazione professionale che esercitano nei diversi settori. È uno sviluppo che precisandosi nel corso del '700, troverà il suo compimento solo nell'800, allorché questa forma di artigianato sarà definitivamente affidata alla manodopera femminile e risponderà sempre più decisamente alle esigenze di una domanda di mercato. La stampa dell'epoca concorre ad affermare la produzione di merletti e di ricami ad uso personale, circoscrivendola sempre più in ambito femminile (l'ago è strumento quanto altri mai adatto ad esprimere le virtù della donna) e confermando così un modello di interpretazione destinato a riproporsi sino ad oggi.

L'attività di ricamo e di merletto si concentra nelle sempre più numerose scuole di lavori femminili oltre che, come sempre, nei conventi. Una volta verificatosi, per aspetti di ordine prevalentemente storico economico, l'accostamento dei due generi, questo determina una progressiva evoluzione dei motivi stilistici. La caratteristica che emerge per prima è l'omogeneità di elementi decorativi, attinti da un comune repertorio che li assimila non solo tra loro, ma anche ad altri settori di arti applicate. Precedentemente i ricami avevano trovato a lungo le loro fonti di ispirazione nei codici miniati conservati nei monasteri e i grandi cicli ricamati avevano una tradizionale unità di fonti con la grafica e la pittura. Nel corso del '500, invece, si assiste ad una nuova ed enorme diffusione di libri di modelli[4], destinati spesso indifferentemente a merletti e ricami; in molti di essi viene indicato con esattezza il modo di esecuzione, con un intento didattico che andrà man mano scomparendo.

I disegni di ascendenza orientale, si concretizzavano in forme geometriche, di cui sono esempi le punte ad ago e a fuselli, come pure i ricami incastonati di perle e gioielli che rispondevano ad un'idea di simmetria e di ordine, non lontana dagli stilizzati motivi floreali delle stoffe. Questi motivi figurativi convivevano poi con altri, indifferentemente utilizzati, quali le coppie d'amanti, le scene di caccia, gli animali affrontati, i pavoni.

Quando nel XVII secolo la Francia darà vita ad uno stile di corte, non solo nazionale, ma in grado di influenzare il gusto di tutta Europa, assumendosi il ruolo di guida estetica destinato a protrarsi, si affermerà come dominante il repertorio disegnativo floreale. Tale categoria stilistica, utilizzata per i ricami sin dall'antichità, diventa costante e praticamente esclusiva anche per i merletti, pur subendo nel tempo parziali trasformazioni di gusto: i fiori possono essere più o meno naturalistici, isolati o intrecciati in ghirlande e bouquet, oppure variare nella dimensione, ma restano centrali nell'aspirazione.

L'amore per il naturalismo, già evidente nei ricami inglesi del XVI secolo, coincise con un momento particolarmente importante per l'arte dei giardini e gli studi di botanica. La crescente curiosità per le nuove specie di fiori era stata sollecitata dai contatti con America e Asia (nel 1557 da Istanbul arriva il tulipano, come pure negli stessi anni sono conosciuti i ranuncoli, i giacinti orientali, gli iris; nel 1561 viene descritta per la prima volta da Nicolas Monades la flora americana). Si assiste così, fin dagli inizi del XVII secolo, ad una fioritura di artisti che si dedicano ad illustrare fiori per i botanici, che venivano poi ripresi nelle incisioni e nei libri diffusi tra i ricamatori, gli orefici e i tappezzieri. L'accostamento tra ricami e fiori è persino espresso nel 1597, nell'introduzione del primo erbario inglese *Herbal of general history of plants*, di Lord Burghley.

Il fenomeno è assai evidente in Inghilterra e in Francia, mentre in Italia, dopo il testo del Danieli (1624) non si pubblicarono più libri di questo genere e in Germania si assistè ad una ripetizione di incisioni che riproponevano i motivi delle prime pubblicazioni. In Francia già sotto Enrico IV i ricamatori di corte si ispiravano per i loro motivi floreali ai giardini: Jean Robin (1550-1627) e suo figlio avevano organizzato un giardino botanico, rifornito con più di 130 specie raccolte in Spagna e in Africa, che fu copiato dal vero, con l'ago del ricamatore Pierre Vallet (1575-1657). Quest'ultimo poi, pubblicò un testo con 73 incisioni, *Le Jardin du Roi très chrétien Henry IV*, che a lungo servì come fonte di ispirazione. Quando nel 1650 fu aperto al pubblico il 'Jardin des Plantes', creato nel 1633 per Luigi XIII, vi si recarono molti disegnatori in cerca di idee, in un momento in cui la moda imponeva sempre più frequenti cambiamenti. Non mancarono poi alla corte di Francia, sotto Luigi XIV e poi, con Luigi XV[5] artisti di eccezionale talento che seppero elaborare uno stile omogeneo fondendo insieme varie ispirazioni, tra cui quelle orientali, che cominciarono a penetrare in Europa agli inizi del XVII secolo, con la Compagnia delle Indie.

Gli abiti esposti in mostra ci permettono di verificare come questa caratteristica stilistica rimanga poi costante per tutto il XVIII secolo, estendendosi indifferentemente agli abiti di uso privato ed ecclesiastici, a quelli maschili e femminili.

Se si osserva ad esempio l'abito (cat. n. 40) destinato a manichini da processione o da esporre in chiesa, si può facilmente comprendere quanto i bouquet naturalistici ben si adattassero alle esigenze di lusso ed eleganza degli arredi ecclesiastici. Possono, come in questo caso, essere organizzati all'interno di cartigli di memoria architettonica o volute che confermano, risentendo l'influenza dei disegni francesi, l'omogeneità culturale determinata dalla corte parigina.

Negli abiti maschili il decoro floreale sarà costante per tutto il secolo: potrà essere realizzato con fili d'oro e rilievi ancora di ispirazione barocca (cat. n. 1) caratteristici della moda dei primi decenni del '700, o essere più tardi sostituito con ricami in seta di vari colori, che

attraverso i loro toni sfumati ricreano le varie tipologie floreali. Leggeri fiorellini corrono lungo gli orli delle marsine, delle sottomarsine, dei gilet e sottolineano la linea del taglio, mettendo in risalto i profili delle tasche e degli occhielli. Nel '700 i ricami sono più usati per gli uomini che per le donne, che talvolta preferiscono ornare le vesti di broccati con varie file di merletti alle maniche o allo scollo o con bordi di fiorellini costituiti da fili di seta ammazzettati (cat. n. 3) che riprendono il motivo decorativo del tessuto.

Le stesse caratteristiche stilistiche si mantengono nei ricchi ricami del primo quarto dell'800: nelle marsine i motivi seguono la stessa disposizione, ora assottigliandosi, secondo la moda dell'Impero, poi ingrandendosi in più alti e sinuosi tralci da cui emergono varie qualità di fiori (cat. nn. 9-10, 15). Per le signore la semplicità del vestire neoclassico imporrà ricami solo per gli abiti da cerimonia, posti soprattutto ai bordi delle vesti (cat. n. 14), mentre il resto del vestito può essere disseminato da pajettes che creano sottili corolle; motivo che si ritrova nei contemporanei merletti, soprattutto di 'application de Bruxelles', che avevano le reti di fondo decorate da piccoli fiori, e i bordi costituiti da sobri disegni floreali[6].

A questi stessi si ispira la moda degli abiti di tulle (cat. n. 12) che ripropongono il gusto di decori leggeri e poco vistosi, limitati a qualche gala fiorita o tralcio ondulato, eseguiti a mano, su una rete di fondo generalmente meccanica.

Nel corso dell'800, prima in Inghilterra, poi in tutta Europa, per diminuire i costi e facilitare la diffusione di tali oggetti tra la nuova borghesia ricca, grandissima fortuna avrà la produzione meccanica dei merletti. L'uso dei merletti con il Secondo Impero si era fatto così imponente negli abiti da giorno e da sera e in ogni tipo di accessori, da determinare una sempre crescente domanda. Balze di Valancienne e di Malines (cat. nn. 23-24) ornano eleganti abiti e attingono a quel patrimonio stilistico che aveva caratterizzato il '600 e il '700. Il recupero di tutti gli stili permette nell'800 la medesima varietà di produzione e le riviste del tempo confermano che erano indifferentemente graditi.

Se questa innovazione agisce quindi sul settore dei merletti, come una diversa ma non meno efficace soluzione tecnica, sui ricami provoca una semplificazione e un impoverimento di esecuzione. Scompaiono i ricami in oro e seta che sopravvivono solo nelle vesti da teatro o da ballo, come nell'esemplare esposto (cat. n. 38) dove è evidente il revival stilistico che compone insieme elementi e motivi di epoche diverse, realizzate con le tecniche tradizionali. Merletti miniati, colorati , a macchina, ricami a mano per per le più ricche, diventano di predominio e di uso solo femminile. Infatti per la nuova immagine di severità e di efficienza che la borghesia ottocentesca vuole dare di sé, tali ornamenti scompaiono definitivamente dagli abiti maschili, ad esclusione di alcuni utilizzati in particolari cerimonie ufficiali. Nell'ambito di lavori di grande effetto e minor costo si afferma l'uso del ricamo di applicazione, eseguito con diversi materiali e variamente decorato con pajettes o jais (cat. nn. 26-27, 31-32). *Natura ed arte* del 1891 ricorda che '...si fanno adesso dei tulle ricamati a fiori di velluto e ciniglia che sono tra le novità più leggiadre'[7].

Agli inizi del secolo XX le numerose riviste, ormai rivolte solo ad un pubblico femminile, ribadiscono che 'Il ricamo è sempre preferito a tutte le guarnizioni dalle signore eleganti,... la causa principale che rende duraturo il favore che godono i ricami è il loro alto prezzo per cui non sono alla portata di tutti e non diventeranno mai volgari né banali'[8]. I ricami di questo periodo hanno grandi rilievi (cat. n. 30) e richiamano l'effetto dei merletti più in voga, quali quelli di Venezia o la 'guipure di Irlanda', o i lavori a fuselli del tipo maltese che si dispongono in tutte le forme, in colletti a spallina, a balze nelle gonne (cat. n. 28) in stole corte, a punta e quadrate. È di moda e raccomandato dalle riviste anche il tulle colorato (cat. n. 30) preferito

nei colori tenui dei beige, celeste rosa, giallo chiaro[9].
L'uso di tali ornamenti per tutto il XIX si diffonde anche nella
biancheria personale e domestica, a cui anche oggi restano legati:
torna in gran voga il ricamo bianco su bianco. Si recupera così una
tecnica antichissima già diffusa nel Medio Evo, e vitalizzata, nei secoli
successivi dalle leggi suntuarie che limitavano l'uso dei fili di seta e
d'oro. Dai tradizionali punti le abili ricamatrici, traggono ispirazione
per i nuovi, che caratterizzeranno la produzione ottocentesca,
affidata a un infinito numero di laboratori specializzati[10], a seconda
dei luoghi, in lavori tipici di quella o quell'altra manifattura. Continua
così a sopravvivere anche oggi un patrimonio di tradizionali punti e
tecniche, di disegni vecchi e nuovi, espressioni di una dimensione
umana nel divenire frenetico della civiltà meccanica.

) A. Garzoni, 1665, pp. 490-91.

2) L'articolo di A. Bandera, 1962, porta un'interessante documentazione relativa ai primi
esempi di ricami bianchi e primi tipi di merletti, datandoli agli inizi del XIV secolo.

3) Cfr. a questo proposito Nevinson 1952, pp. 202-217. Il testo di Cesare Vecellio, *Habiti
Antichi et Moderni di tutto il mondo*, è il primo esempio di storia del costume ed è del
598.

4) M. Abegg, 1978, dà un'ampia panoramica della diffusione dei libri di modelli in Europa
dal XVI, fino alla produzione ottocentesca. La documentazione è soprattutto ricca ed
interessante per quello che riguarda i secoli XVI, XVII e XVIII.

5) Tra gli artisti più in vista alla corte di Luigi XIV vale la pena ricordare Jean Baptiste
Monnoyer (1634-99), Jean Berain (1637-1711), Jean Lepantre (1618-82). Sotto Luigi XV
furono particolarmente importanti Claude Gillot (1715-74) che lavorò nelle Manifatture
Gobelin, Pierre Ronson che introdusse il motivo del 'paniere fiorito', Charles Germain di
Saint Aubin, disegnatore del Re, che scrisse l'*Art de Brodeur*, in cui dà notizie sui materiali
impiegati e la regolamentazione dei ricamatori.

6) Dopo la Rivoluzione Francese, Napoleone I riaprì la scuola di Belle Arti a Lione dove
erano attivi disegnatori per stoffe e ricami, che lanciarono lo stile omogeneo del Primo
Impero.

7) *Natura ed Arte*, 1891, I, p. 318.

8) C. Braudelles, 1900.

9) *Moda Pratica*, 1900, a. II, 8 Febbraio.

10) Il testo *Industrie Femminili Italiane*, Milano 1906, offre una interessante e completa
documentazione di quella che era, agli inizi del secolo, l'attività delle varie regioni italiane,
nel settore dei ricami e dei merletti.

IRC Imperiale e Real Corte
a. anno
T.A. per Tessuti Antichi
G.A.A. Giornale di Arte Antica

Catalogo

Manifattura italiana, secondo decennio del XVIII secolo.
Velluto di seta con fodera di raso e ricamo di oro filato e canutiglia,
paillettes e laminette.
Juste-au-corps: lunghezza totale anteriore e posteriore cm. 109;
spalle cm. 37; maniche (con paramani di cm. 18 × 31) cm. 62;
ampiezza di ogni falda cm. 54; orlo posteriore cm. 96.
Sottoveste: lunghezza totale cm. 97; spalle cm. 36; maniche cm. 59
(con spacco di cm. 9); falde cm. 43.
Inventari: T. A. 1913, n. 1097; Museo della Crocetta 1894, n. 5; Museo
Nazionale 1878, 'Oggetti Diversi', n. 11.
Bibliografia: M. A. Carlano, 1979, p. 37, n. 32.

Abito maschile con sottoveste ('juste-au-corps' o 'habit à la
française'). Il 'veston' (giubba) e la 'veste' (sottoveste) sono aderenti
in vita, appunto 'juste-au-corps', a falde scampanate e con maniche,
di cui quelle del 'veston' sono fornite di alti paramani rovesciati, con
spacco, che si allacciano alle maniche con tre bottoni, mentre quelle
della 'veste' sono semplici, con piccolo spacchetto ai polsi. Entrambe
sono prive di collo e fornite di piegoni e spacchi. Il 'juste-au-corps' è
realizzato in velluto di seta azzurro, con sontuoso ricamo lungo i
bordi della mostra, che è a ventuno bottoni, ma solo otto asole
corrispondenti, nel punto di vita più aderente; il ricamo che è eseguito
in oro filato e canutiglia a punto piatto con imbottitura è costituito da
motivi floreali stilizzati, a cornucopie e foglie, con inserzioni di
paillettes con canutiglia a punto steso a stuoia, con vari punti di
fermatura. La decorazione si estende oltre le mostre, sulle patte
sagomate delle tasche poste orizzontalmente sui fianchi, e sotto di
esse, guarnite di tre bottoni, che, come gli altri, sono in metallo,
rivestiti di oro filato su anima di seta gialla. Il ricco ricamo orna anche
le falde dello spacco posteriore, che è ribadito da doppi piegoni
tagliati in tralice, dalla vita. Lo stesso motivo di doppie pieghe si ripete
nelle cuciture dei fianchi, ma qui il decoro si svolge all'interno del
piegone, profondo cm. 25 e fermato da bottoni agli apici. Anche gli
alti paramani sono riccamente decorati. Fodera originaria in raso di
seta color celeste, con restauri ottocenteschi in rep blu scuro.
La sottoveste è in raso bianco e presenta strette analogie di struttura,
la stessa aderenza con ventun bottoni, ma solo otto asole alternate,
una sul punto di vita, tre in alto e quattro all'altezza dei fianchi, per
consentire il gioco di corrispondenze con la veste. Il ricamo è
disposto analogamente, ma con maggior profusione su tutto il busto
lungo l'orlo inferiore, mentre le maniche ne sono solo bordate lungo
gli spacchi. Spacchi anche sui fianchi (cm. 37) invece dei piegoni e
dorso completamente aperto con lacci per la chiusura, a intervalli di
cm. 14. Alcuni sono stati rimessi. All'interno lino bianco sotto le
tasche rinforzato da tarlatana che prosegue sotto le mostre, foderate
anche in tela di lino leggera. Lungo la bottoniera tarlatana infustita
con bordino sotto ai bottoni, mentre manca sotto le asole. Sotto le
zone prive di ricamo sono collocate strisce di crine, per sostenere la
stoffa.
Calzoni, cravatta e volani alle maniche sono repliche.
Per le note relative all'evoluzione sartoriale dell'esemplare, vedi il
saggio introduttivo Dall'anonimo al firmato.

Interventi di restauro: il ricamo del juste-au-corps e della sottoveste è
stato consolidato con nuove cuciture e talvolta con adesivo. Il tessuto
della fodera ha dovuto essere in diverse zone reintegrato con un altro
tessuto rinforzato con crepeline di seta trattato con resina polivinilica.
L'oro è stato ripulito con cotone inumidito e la stoffa spolverata con
un pannello morbido. Molte cuciture sono state ripassate con filo di
seta. La fodera della sottoveste, soprattutto nelle spalle e nei polsi, è
stata rinforzata in parecchi punti con crepeline di seta e il tessuto,
nelle zone mancanti, ricomposto, con integrazioni di raso di seta.

Manifattura Italia centrale (Siena o Firenze – Roma), 1758/1782.
'Gros' di seta marezzato, bottoni in metallo rivestiti d'argento filato,
fodera in tela di lino.
Veste: lunghezza totale cm. 85; spalle cm. 34; vita cm. 90; manica
cm. 50; collo cm. 49.
Rhingrave-culotte: lunghezza totale cm. 61; cavallo cm. 42; baschina
cm. 11; vita cm. 80; orlo totale cm. 136.
Cappa: lunghezza totale anteriore cm. 108; lunghezza totale
posteriore cm. 113; spalle cm. 47; orlo posteriore cm. 500; orli lembi
anteriori cm. 134.
Acquisizione: dono dei marchesi Francobaldo e Giovanna Carrega
di Lucedio.
Inventari: T. A. 1913, n. 158-82.

Costume composto da veste, gonna pantaloni e mantello, realizzati
in moirè rosso cardinalizio. La veste (habit, juste-au-corps, giubba),
lunga, attillata e svasata, ha maniche aderenti con grandi paramani
che vi si allacciano con quattro bottoni. Ventiquattro bottoni chiudono
la veste fino al piccolo collo rotondo, che doveva ornarsi di
'steinkerke' (replica). I bottoni sono di metallo brunito, rivestiti di
argento filato su anima di seta gialla.
La gonna-pantaloni è del tipo Rhingrave, in uso nel XVIII secolo:
baschina in punta, aderente ai fianchi, chiusa da tre bottoni, a cui si
saldano i larghi gambuli, arricciati e svasati a gonnella, in tre teli e
tassello all'inforcatura, che si raccorda all'apertura anteriore, ribattuta
a rimonto, di cm. 17, con tre bottoncini. Tasche di cm. 20 nelle
cuciture dei fianchi. Posteriormente la baschina si sagoma in garbo,
nel minimo di 6 cm., dove si allaccia con stringhe passate, che
consentono regolabilità di ampiezza. Il manto, o cappa diplomatica,
è assai ampia, completamente arricciata sulle spalle (cm. 17) e
posteriormente sulla nuca, rifinendosi sul collo con nastrino che si
annoda davanti. Il manto è svasato, completamente aperto avanti e
dalle spalle. Tra il collo e le spalle due bottoni fasciati. Fodere in tela
di lino color tabacco.
Calzoni, cravatta e polsi sono repliche.
L'esemplare, abito cerimoniale del Senato Accademico, come
testimoniato in altri documenti figurativi conserva le fogge di corte di
epoca Louis XIV, con l''habit à la français' ancora con 'Rhingrave', o
'rhingrave-culotte' (dal Conte di Salm, del Reno (Rhin)-graf (conte),
che la importò dall'Olanda), e veste, o 'redingote' aderente
('juste-au-corps'), come l''habit à la français' dai grandi parmani, che
permane a lungo nell'abbigliamento diplomatico del XVIII secolo (cat.
n. 1). Il completo è corredato dal sontuoso mantello in forma di
cappa, la 'capa-magna' cardinalizia e dei magistrati, aperta con
spacchi per le braccia 'en moirè rouge' (M. Delpierre, 1982-83, tav.
55) e riccamente arricciato sulle spalle e sul dorso: 'purpureis vel
coccineis togis fulgentes' dei dottori collegiati (Calco, in Ferrario,
1837, p. 561), ma anche 'toga picta' dei generali romani vincitori (G.
C. Dauphinè Griffo, 1983 in corso di pubblicazione) e toga classica,
come quella che i dignitari veneziani indossavano sul gonnellino 'alla
romana' (Black-Garland, 1974, glossario, ad vocem). Questa veste
togale appartenne al marchese Stefano Bertolini, insigne letterato,
eletto con Motuproprio dal Granduca Francesco Auditore Consultore
dell'Ordine di Santo Stefano e Auditore dell'Ateneo Pisano nel 1756,
e dal 1760 Auditore Generale di Siena.
Elevato nel 1776 alla Presidenza della Consulta di Grazia e Giustizia
di Firenze, la più alta carica magistrativa toscana, Pietro Leopoldo
inalzò l'eminente giureconsulto alla dignità senatoria il 20 marzo
1778, come si apprende dalla lapide che lo commemora, col suo
busto in marmo e l'arme della casata, postagli dai figli Giulio Cesare e
Azzolino, dai fratelli Filippo e Marco e dalla vedova Gerolama
Ugurgieri, nobile senese, alla sua morte, il 12 febbraio 1782, all'età di
71 anni. Il monumento funebre si trova nell'atrio del chiostro della SS.
Annunziata, Firenze.

Interventi di restauro: il completo è pervenuto in buono stato di
conservazione (presenta segni di interventi per restringerne la taglia
in tempi precedenti) e non è stato necessario alcun intervento di
restauro.

Manifattura italiana (?), terzo quarto del XVIII secolo.
Taffettas ricamato in seta. Fodere in taffettas.
Giubba: lunghezza totale cm. 98; spalle cm. 33; maniche cm. 46, con
paramani di cm. 14 × 20, piegoni carré cm. 38 × 18 (profondità).
Sottoveste: lunghezza totale cm. 79; maniche cm. 57.
Provenienza: marchesa Margherita Cosulich Malvezzi Campeggi,
Bologna.
Acquisizione: acquisto dello Stato.
Inventari: T. A. 1913, nn. 1560-61.

Juste-au-corps in taffettas color beige, con guarnizioni ricamate in
azzurro écru e bianco, con fiorellini blu, a punto piatto. Taglio in vita
e tre spacchi, due laterali e uno centrale posteriore, entro doppi
piegoni diagonali. Tasche a patte sagomate, guarnite da cinque
bottoni. Privo di collo, la mostra è fornita di venti bottoni e le maniche
di alti paramani rovesci, con spacchi e tre bottoni. Fodera in taffettas
bianca. La sottoveste è analoga alla veste, fornita di maniche ('gilet à
manches'), e tre spacchi senza pieghe, è chiusa da tredici bottoni.
Dorso in tela, con fianchette chiuse da due lacci.
Il ricamo decora le mostre della veste e della sottoveste, i paramani,
le tasche sulle patte e sotto di esse, per tutto il 'carré' delle falde, fino
agli spacchi laterali e lungo gli orli.
'Culottes', cravatta e ruches ai polsi sono repliche.
Per le note relative all'evoluzione sartoriale dell'esemplare vedi il
saggio introduttivo Dall'anonimo al firmato.

Interventi di restauro: su questo esemplare non è stato eseguito
nessun particolare intervento di restauro.

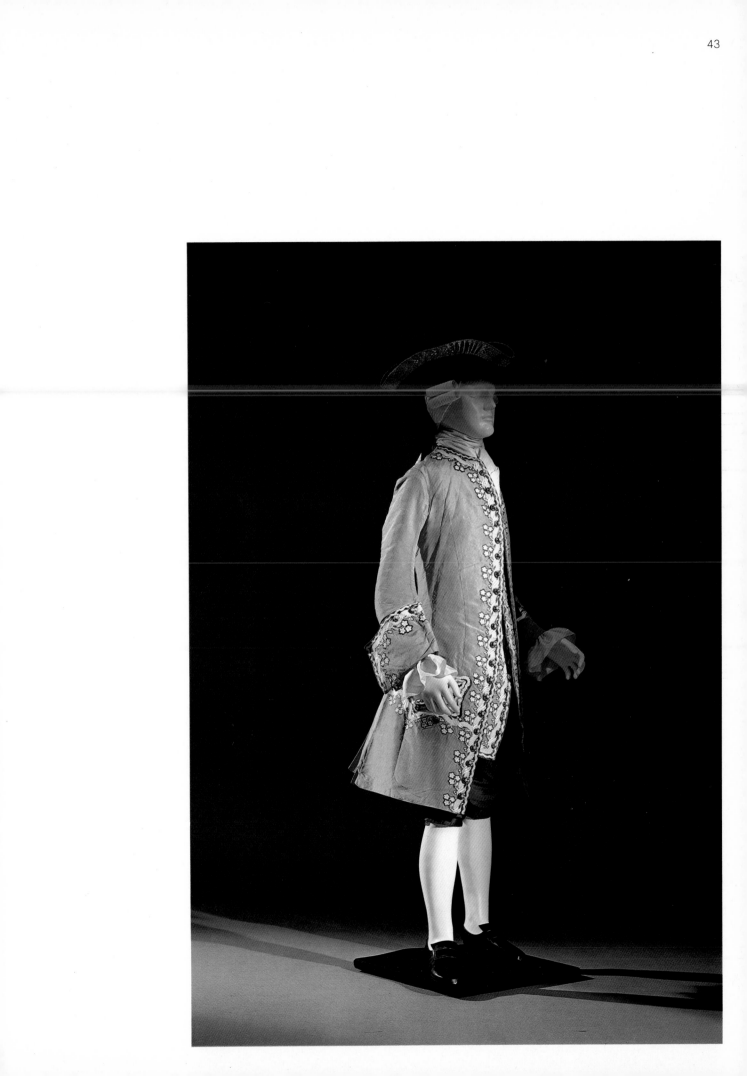

Manifattura italiana (?), ultimo quarto del XVIII secolo. 'Gros de Tours' e raso di seta con ricami in seta. Fodera in raso di seta.
Veste: lunghezza totale cm. 106; spalle cm. 34; maniche cm. 61; spacco piegone posteriore cm. 58.
Sottoveste (gilet): lunghezza totale cm. 49, con falda di cm. 17.
Calzoni: lunghezza totale cm. 57, con baschina di cm. 10 × 68.
Provenienza: marchesa Margherita Cosulich Malvezzi Campeggi, Bologna.
Acquisizione: acquisto dello Stato.
Inventari: T. A. 1913, nn. 1562-64.

Abito maschile in tre pezzi: marsina e calzoni-culottes in 'gros de Tours' color nocciola a ricami policromi, con gilet lungo in raso écru, con ricamo analogo. La veste, dalla linea verticale a redingote, ha falde tagliate in diagonale sfuggenti, riunite posteriormente in un doppio piegone con spacco centrale. Il breve collo a fascetta verticale (cm. 4), la mostra con undici bottoni ricoperti (alcuni replica) e tasche a patte sagomate, sono completamente ricamati a motivi di fiori policromi, a punto piatto, punto raso (piatto sfumato), punto erba (o cordoncino obliquo) e punto diviso. Il jabot e le ruches alle maniche sono replica. Il gilet piuttosto lungo, abbottonato con sei bottoni, ha faldino ancora assai scampanato, è provvisto di tasche con patte sagomate e, oltre al ricamo policromo a motivi di pansées e mughetti lungo i bordi, è totalmente disseminato di fiorellini ricamati in filo di seta giallo e rosa. Il dorso è completamente aperto, con un inserto di tela e cotone, munito di tre lacci per la chiusura.
I calzoni, fermati al ginocchio da due bottoncini e cinturino (cm. 4) con fibbia (mancante), sono di aderenza moderata, con baschina sottovita a due bottoni, che riducendosi sul dorso e fermata da un bottone, contiene l'ampiezza posteriore dei calzoni. Questi sono a patta anteriore, chiusa da tre bottoni, di cui il centrale allaccia la baschina, che ha sui lati due piccoli taschini orizzontali, e false tasche verticali sui calzoni, con patte (cm. 13), fermate con bottoncini.
Fodere in raso di seta.
Jabot e polsi sono repliche.
Per le note relative all'evoluzione sartoriale dell'esemplare vedi il saggio introduttivo *Dall'anonimo al firmato*.

Interventi di restauro: sono state ricomposte alcune cuciture impiegando filo di cotone e consolidate le fodere. La marsina, accorciata in epoche recenti, è stata ricondotta alle misure originali.

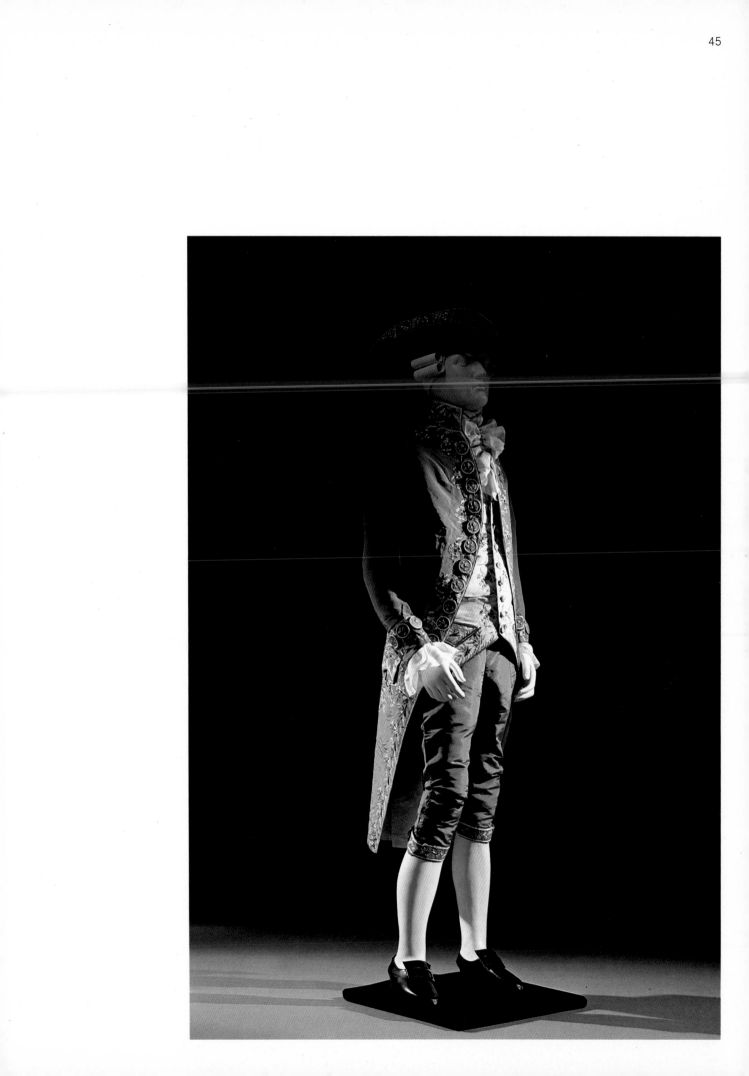

Manifattura italiana (?), ultimo quarto del XVIII secolo.
Taffettas di seta ricamata. Fodera in seta écru.
Marsina: lunghezza totale cm. 107; spalle cm. 37; maniche cm. 64;
spacchi piegoni laterali-posteriori cm. 41.
Sottoveste: lunghezza totale cm. 56, con falde di cm. 14.
Provenienza: mercato antiquario.
Acquisizione: dono della Cassa di Risparmio di Firenze.
Inventari: G. A. A., nn. 1427-28.

Marsina con lungo gilet in seta giallo-oro, ricamata in filo di seta
azzurro e bianco, a motivi di palmetta in tralcio continuo sulle mostre,
lungo gli spacchi, sulle tasche e sotto di esse, sui paramani rovesci.
La veste è tagliata in fianchette longitudinali del tipo redingote, con
spacchi laterali e centrale posteriori, entro fitte pieghe rigide, con due
bottoni che sottolineano la vita bassa; tasche con patte sagomate e
tre bottoni complementari; paramani a quattro bottoni: piccolo collo a
fascetta verticale (cm. 4); mostre squadrate, ornate da undici bottoni
prive di asole corrispondenti. Fodera in seta écru. Il gilet ancora
lungo fin sotto la vita, è abbottonato da tredici bottoni e ricamato solo
sulla mostra e sulle tasche, intorno e sopra le patte sagomate e
guarnite da tre bottoncini. Foderato con semplice tela di lino, il gilet
ha il dorso in rigatino di seta. Sulla fodera si notano alcuni pezzi
integrativi in taffetta sopracolore.
Calzoni, jabot e polsi sono repliche.
In una tasca della marsina è stata trovata un'etichetta con la
stampiglia 'Esposizione d'Arte Antica', Genova 1882, n. 1182, e la
scritta a penna 'G. B. Villa'. Per le note relative all'evoluzione sartoriale
dell'esemplare vedi il saggio introduttivo *Dall'anonimo al firmato*.

Interventi di restauro: la marsina è stata in parte rifoderata con seta
nuova lasciando al di sotto rimanenze della fodera originale. In altri
punti la fodera originale è stata consolidata con un'applicazione sul
retro di crepeline di seta trattata con resina polivinilica. Un rattoppo
più recente e molto rovinato è stato tolto.

Manifattura italiana (lucchese?), ultimo decennio del XVIII secolo.
Raso di seta e seta operata. Fodera in rigatino di seta.
Veste: lunghezza totale cm 123; falde cm. 55; spacchi cm. 56; spalle cm. 34; collo con revers cm. 8; maniche cm. 66; polsi cm. 9.
Calzoni: lunghezza totale cm. 70; vita cm. 64.
Provenienza: conte Ugolino Della Gherardesca.
Acquisizione: dono della signora Wanda Ferragamo.
Inventari: G. A. A., n. 1333.

Veste giovanile in raso di seta a bande rosa e verdi e calzoni al ginocchio, in tessuto di seta operato a piccoli motivi, nei colori analoghi. La veste è tagliata a redingote, con falde sfuggenti, che si accostano allo spacco centrale posteriore, in piegoni ribattuti e guarniti da un bottone in basso. Le mostre sono stondate, provviste di nove grossi bottoni (diametro cm. 3,5), a cui corrispondono solo tre asole.
Lunghe maniche aderenti, con paramano cucito e fermato da due bottoni (uno mancante sul paramano destro); grandi tasche poste in diagonale, con patte diritte di cm. 9 × 23. Dorso foderato in grossa tela di lino; il resto della fodera è in rigatino di seta. I calzoni sono del tipo a 'culottes', con patta anteriore, abbottonati orizzontalmente sulla baschina sottostante (cm. 8), provvista di tre bottoni verticali e di tasche tagliate e abbottonate sui fianchi. Dietro, l'ampiezza è raccolta nel cinturino che stringe la vita, molto sottile, allacciandosi con un bottone. Le culottes sono chiuse al ginocchio con cinque bottoncini (due mancanti per ogni parte), e cinturino con fibbia.
Cravatta e fascia alla vita sono repliche.
Appartenuto a Ludovico Poschi-Meuron, discendente dalla famiglia Garzoni di Lucca, l'abito può rappresentare il modello ideale di quella moda di passaggio tra Ancien Régime e Rivoluzione, quando la marsina si semplifica nella stretta redingote all'inglese, con alto collo rovesciato e falde sfuggenti, riunite posteriormente 'a coda di rondine'. Anche il tessuto, a bande colorate, è indicativo di quel gusto di stile neoclassico diffuso fin dall'ultimo decennio del XVIII secolo, datazione avvalorata dall'etichetta all'interno dei calzoni, col nome del proprietario, Paolo Ludovico Poschi-Meuron (1762-1842).
Per le note relative all'evoluzione sartoriale dell'esemplare vedi il saggio introduttivo *Dall'anonimo al firmato*.

Interventi di restauro: le cuciture dell'abito, aperte in molti punti, sono state rifissate con filo di seta seguendo i punti originali. Il merletto ai polsi, rimosso, è stato ripulito e rinforzato con l'applicazione di crepeline di seta, quindi ricucito in loco. Il bottone della manica destra, che mancava, è stato rifatto usando un'anima di cartone rivestito di tessuto e poi con tinture adeguate, esemplato sull'originale.

Manifattura italiana (?), inizio XIX secolo.
Velluto cesellato operato, ricamato in filo di seta e argento filato, paillettes. Fodera in seta.
Marsina: lunghezza totale cm. 106; spacco piegoni cm. 54; spalle cm. 39; maniche cm. 72.
Gilet: lunghezza totale cm. 54; spalle cm. 32.
Acquisizione: dono della marchesa Adele Alfieri di Sostegno.
Inventari: T. A. 1913, nn. 1104-05; Museo della Crocetta 1894, nn. 9, 14.
Bibliografia: M. A. Carlano, 1979, p. 81, n. 4.

Marsina in velluto operato, nocciola su fondo viola a piccoli motivi geometrici sopracolore; alto collo verticale (cm. 10), mostre stondate con otto bottoni (diametro cm. 2), e solo tre asole corrispondenti sfuggenti lateralmente e ampio spacco centrale posteriore, disposto entro doppio piegone fermato all'orlo da due bottoni. Maniche aderenti, con alto paramano guarnito da tre bottoni. Finte tasche laterali con patte sagomate, sottolineate da tre bottoni ornamentali.
La decorazione ricamata con seta policroma si dispone lungo le mostre e i piegoni posteriori, sul collo, sui paramani e sulle patte, concentrandosi nella zona intorno alle tasche, con un motivo a tralcio vegetale, avvolto da elementi fogliacei con bouquets di fiori policromi, eseguiti in seta e argento filato, a punto piatto, punto raso (piatto sfumato), punto erba (o cordoncino obliquo) e punto diviso, con inserzioni di paillettes d'argento.
Il gilet è tagliato appena sotto la vita, privo di maniche, a collo alto (cm. 8,5), ha la mostra abbottonata con otto bottoncini finte tasche con patte sagomate, guarnite da tre bottoncini. Il gilet è realizzato in seta écru cannetée, ricamata con motivi analoghi a quelli della veste, in policromia assortita ad essa nei toni del verde, ed è guarnito sul busto con piccoli motivi di fiori e foglie ricamate, in disposizione simmetrica. Fodera in seta color avorio, tasca interna sul lato sinistro e imbottitura 'matelassée' sul dorso.
Calzoni, jabot e polsi sono repliche.
La struttura di questo esemplare rivela molte delle caratteristiche che determinano il passaggio dall'antica marsina settecentesca a larghe falde, verso fogge che vanno semplificandosi sulla fine del secolo XVIII, per l'influenza anglosassone (cfr. p. 19), fino alla versione con mostre stondate a lembi sfuggenti lateralmente e chiusi 'a coda di rondine' nello spacco posteriore, ancora arricchito da doppie pieghe, agli inizi del secolo, datazione del resto avvalorata dall'alto collo verticale e dal corto gilet appena sotto la vita.

Interventi di restauro: questo esemplare non ha subito alcun intervento restaurativo.

Manifattura italiana (?), inizio del XIX secolo.
Velluto cesellato, ricamato in seta. Fodera in satin.
Marsina: lunghezza totale cm. 106; spalle cm. 38; maniche cm. 60.
Gilet: lunghezza totale cm. 39; falde cm. 18; spalle cm. 31.
Provenienza: mercato antiquario.
Acquisizione: acquisto dello Stato.
Inventari: T. A. 1913, nn. 1389-90.

Marsina in velluto cesellato marrone, a piccoli motivi geometrici, con
ricco ricamo a lunghi tralci fogliacei in forma di piume sopracolore, in
varie tonalità sfumate dal color caffè al nocciola chiaro. La veste è
attillata in vita, tagliata a fianchette sul dorso e avvitata in punta, con
larghe falde, spacco e doppio piegone centrale, ribattuto e fermato
da due bottoni, completamente ricamato sui bordi. Il ricamo si
estende anche lungo le mostre anteriori, sul collo a fascetta verticale
(cm. 9), sui polsi, sulle tasche a patte sagomate e intorno ad esse.
Sulle mostre sette bottoni ricamati (diametro cm. 3,5) con solo tre
asole corrispondenti; tre bottoni ornano i paramani (due mancanti sul
destro, tutti mancanti sul sinistro) e i sottotasca. Fodera originale in
satin color avorio.
Il gilet, in seta color avorio, con collo a fascetta (cm. 6,5), mostra
diritta con nove bottoncini (sette mancanti) e falde scampanate, ha
tasche a patte sagomate poste in diagonale, ed è completamente
ricamato con motivi in analogia tipologica e policroma a quelli della
marsina, con elementi fogliacei sottili lungo il bordo che vanno
riducendosi sul busto, in varie tonalità dal marrone al beige. Dorso in
tela di lino bianca, doppi lacci, per provvedere all'attillatura.
Calzoni, jabot e polsi sono repliche.
La semplice linea di questa marsina rivela il gusto severo del primo
Ottocento, che dalle fogge di tipo anglosassone andò affermandosi
sempre più diffusamente nell'abbigliamento maschile per tutto il
secolo. In particolare alcuni elementi strutturali, come l'alto collo
verticale e le maniche aderenti con semplici paramani, come anche
l'impianto decorativo, sobrio nei colori e nel motivo vegetale che
prelude i moduli palmari di stile neoclassico, denuncia una tendenza
alla riduzione delle formule di ancien régime, anche se ancora
persistono le falde scampanate e l'abbottonatura ridotta nelle mostre.
Tali elementi ci inducono ad avvalorare una datazione all'inizio del
XIX secolo.

Interventi di restauro: numerosi sono stati gli interventi di
consolidamento delle cuciture originali, soprattutto nella fodera dei
paramani, del colletto e delle patte delle tasche. I bottoni mancanti
(uno sul paramano destro, tre sul paramano sinistro della marsina e
sette superiori del gilet) sono stati rifatti usando anime di cartone
rivestite di tessuto e poi dipinti con tinture adeguate, esemplati
sull'originale.

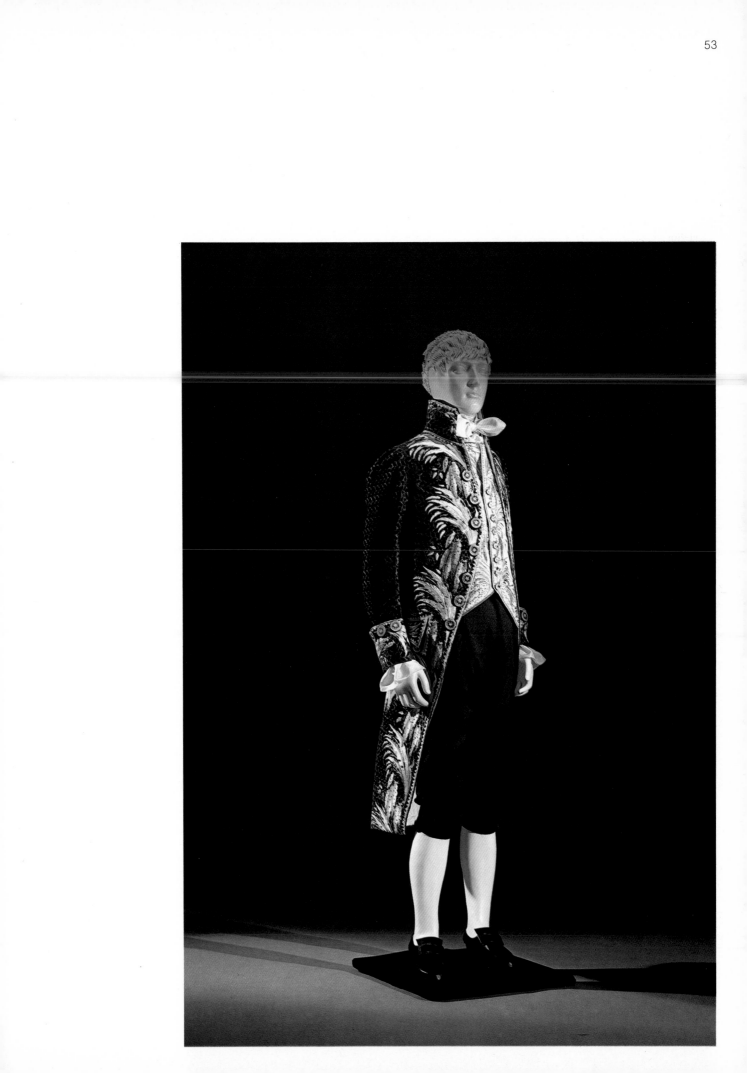

Manifattura italiana (?), inizi del XIX secolo.
Velour di lana, bottoni in laminato dorato. Fodera in taffetas di seta.
Marsina: lunghezza totale cm. 109; spacchi con piegoni cm. 48;
spalle cm. 29; collo cm. 11; maniche cm. 68, con polso di cm. 10.
Calzoni: lunghezza totale cm. 67; vita cm. 61.
Provenienza: marchesa Margherita Cosulich Malvezzi Campeggi,
Bologna.
Acquisizione: dono della Campionaria di Firenze.
Inventari: G. A. A., nn. 1321-22.

Marsina in velour marrone, con lunga giacca tagliata a redingote, con
mostre stondate e dieci bottoni ricoperti in oro filato, a cui
corrispondono solo due asole. Le falde si riuniscono posteriormente
in doppio piegone e spacco centrale, guarniti da due bottoni dorati
che segnano il punto di vita. Alto collo verticale e grandi tasche a
patta diritta, di cm. 7 × 21. I calzoni sono aderenti, fermati al ginocchio
con tre bottoncini, del tipo a patta, abbottonata anteriormente con tre
bottoni fasciati posti orizzontalmente. Fodere in taffetas di seta.
Cravatta e fascia sono repliche.
La semplice linea di questa marsina rivela il gusto severo del primo
Ottocento, che andò affermandosi sempre più diffusamente
nell'abbigliamento maschile per tutto il secolo. Il collo
particolarmente alto e rigido dichiara una datazione abbastanza
precoce, ai primi decenni, mentre i bottoni, di produzione industriale
francese (sigla 'Paris T&L' sul rovescio), indicherebbero una aggiunta
successiva, in sostituzione degli originali presumibilmente fasciati,
come quelli che figurano sui calzoni.

Interventi di restauro: i calzoni, ristretti sul dietro in epoca più recente,
sono stati riportati alle dimensioni originali.

Manifattura inglese (?), secondo decennio del XIX secolo.
Tulle e merletto in filo di cotone, nastrini di raso.
Lunghezza totale anteriore e posteriore cm. 170; busto (dallo scollo
alla cintura) cm. 17; manica a sboffo cm. 16; manica a guanto
arricciata (mameluk) cm. 71; circonferenza cintura cm. 59;
circonferenza totale orlo gonna cm. 223.
Provenienza: mercato antiquario.
Acquisizione: dono della Campionaria di Firenze.
Inventari: G. A. A., n. 1326.

Abito in tulle meccanico bianco ricamato ad ago e smerlato a punto
occhiello, ad imitazione dell''application de Bruxelles'; grande scollo
a barca e vita alta, corpino increspato, scandito da nastrini ricamati
posti verticalmente in sezione ortogonale rispetto alla cintura sotto al
seno, costituita da nastrino passato 'a coulisse' che si allaccia sul
dorso, raccogliendo in morbide pieghe l'ampiezza moderata della
gonna a tutta lunghezza. Questa è bordata da una balza di cm. 26,
completamente ricamata a motivi floreali simmetricamente alternati a
rami di foglie, tra duplice gala a ruches abbinate, centinate e rifinite
ad ago a punto occhiello e sottolineate da nastrino di raso. Le
maniche sono 'à mameluk', con breve sboffo a palloncino e lunga
guaina arricciata che, come il corpino, è fermata ai polsi da tre ranghi
di nastrini in merletto eseguito come il bordo e allacciati con tre
bottoncini in madreperla.
L'abito, in buono stato di conservazione, è pervenuto privo della sua
sottoveste originale ed è stato corredato da sottabito in raso di seta
color ghiaccio analogo alle guarnizioni dell'abito.
Il sottabito in raso di seta è una replica.
L'esemplare esposto può considerarsi un prototipo di abito elegante,
da indossare in occasioni di gala, nella moda giovanile dei primi
decenni del XIX secolo. La vita molto alta sotto al seno, che inizia a
decadere verso la fine del secondo decennio, fu prerogativa del
primo periodo del XIX secolo, fino al1814, accompagnandosi ai
generosi scolli, secondo una moda che integrandosi alle istanze
libertarie post-rivoluzionarie, trovava una precisa analogia nella
tunica classica ispirata alle vesti di Venere e di Minerva (Wilhelm,
1955, p. 66; Boucher, 1965, p. 303). Diffusa dalle mode di Francia
dove, nell'autunno 1793, la cittadina Nepzel propose sul *Journal de
Paris* un vero e proprio abbigliamento 'alla repubblicana', con cinture
'alla Giunone', tale moda fu entusiasticamente adottata dalle
Merveilleuses del Direttorio e del Consolato, nella smania dello stile
'alla greca', che privilegiava i bianchi, le stoffe leggere e trasparenti
come le mussole e i tulles, di linea sciolta, con le maniche dette 'à
mameluk', dalla campagna d'Egitto. Del resto, fin dal 1734 la tunica
'alla greca', indossata dalla Sallé nel balletto 'Pygmalion', riscosse
unanime ammirazione e consenso.

Interventi di restauro: su questo esemplare non è stato eseguito
nessun particolare intervento di restauro.

Manifattura italiana, primo quarto del XIX secolo.
Seta operata per trame 'liserées' su fondo taffetas, raso di seta e
merletto 'torchon'.
Lunghezza totale anteriore cm. 128; lunghezza totale posteriore cm.
138; busto cm. 27; spalle cm. 36; manica cm. 20; cintura cm. 81;
lunghezza gonna anteriore cm. 111; lunghezza gonna posteriore cm.
109; circonferenza orlo cm. 236.
Provenienza: mercato antiquario.
Acquisizione: dono della Cassa di Risparmio di Firenze.
Inventari: G. A. A., n. 1339.

Abito in seta color ortensia, operata a piccoli motivi floreali in
disposizione geometrica ottenuti per trame 'liserées', su fondo
taffetas. Veste intera fino alle caviglie, ampio scollo a barca e
maniche al gomito, composte di duplici manichetti scanditi da bande
di burlottini in raso, di cui il più gonfio si seziona in tagli verticali 'a
conocchia', da cui sboffa il tessuto di raso sottostante, mentre il
successivo consiste in una semplice arricciatura verticale. Le
maniche sono guarnite di merletto 'torchon' color avorio. Lo stesso
motivo 'à quenilles' seriali poste orizzontalmente è ripetuto al centro
del busto, in dimensione decrescente dallo scollo alla cintura,
incentrando un doppio fascio di nervature in raso che scandiscono la
linea trapezoidale del corpetto. La gonna è svasata con telo centrale
a dritto filo e due laterali sbieghi, che ne raccolgono l'ampiezza in
morbide pieghe posteriori, stringendosi sul dorso a vita alta,
mediante un laccio passato 'à coulisse'.
Come il corpetto e le maniche, anche il bordo della gonna è guarnito
di grossi sboffi 'bouillonnés' in raso imbottito, nel duplice scopo di
tenderne l'orlo a campana, sottolineato da una fascia di raso.
Alla lunga guaina dalla vita altissima del Primo Impero, dal 1823 fin
dai primi anni della Restaurazione, succede la linea con la figura che
va normalizzandosi, con la vita più vicina al punto giusto, la gonna
leggermente più corta che va svasandosi mediante il taglio a tre teli e
raccogliendo l'ampiezza in pieghe posteriori. Il corsetto, che già dal
1819 andava timidamente riapparendo nei corredi femminili, è ormai
necessario per delineare la linea trapezoidale del busto, con
tendenza ad allargare le spalle che gli elementi decorativi
concorrono ad accentuare con drappeggi, pieghe piatte, nervature
che si aprono a ventaglio dalla vita verso le maniche, sempre più
importanti.
Queste, come il bordo della gonna, vanno arricchendosi sulla parte
alta di sboffi, tagli, spallini con volants ed alette, nodi e fiocchi, e di
quelle guarnizioni a 'rouleaux' di raso, imbottiti di cotone, che è la
prerogativa decorativa di qusto periodo.
'Il color di rosa e quello dell'ortensia sono i colori favoriti' già dai
primissimi anni del secolo, e che tornano di moda dopo il periodo di
gusto eccentrico e vivacemente policromo delle Merveilleuses e
degli Incroyables, nel rinnovato concetto del ritorno all'ordine anche
nel revival delle tinte tenui, preludio delle sfumature pastello dello stile
romantico. (Wilhelm, 1955, p. 68; *Storia delle Mode*, 1854, pp. 70-71).
Sembra quindi evidente come l'esemplare esposto, nel riassumere
tutte le caratteristiche di foggia, colore e decorazione, possa
emblematicamente rappresentare la moda del tempo,
giustificandone la datazione entro il primo quarto del secolo.

Interventi di restauro: con filo di seta sono stati rinforzati i punti scuciti.
Il merletto al collo e alle maniche, staccato e rimontato, è stato
tamponato con acqua deionizzata e rinforzato applicandolo su
crepeline di seta con cuciture ad ago. L'abito è stato vaporizzato, ed
imbottiti gli sboffi all'orlo e alle maniche. La gonna è stata fornita di
una fodera nuova cucita in vita.

Manifattura piemontese, 1824-1829.
Velluto di seta, bordato di sbieghino in raso, ricamo in lamina dorata, canutiglia, paillettes.
Lunghezza totale gonna anteriore e posteriore cm. 89; lunghezza strascico cm. 250 × 135; busto cm. 25 (dallo scollo alla cintura); manica a palloncino cm. 29; circonferenza vita cm. 59; cintura cm. 68 × 5; circonferenza totale orlo cm. 222.
Provenienza: contessa Virginia Paulucci di Calbali, Roma.
Acquisizione: dono di Roberto Gucci, Firenze.
Inventari: G. A. A., n. 13389.

Abito da cerimonia in velluto di seta rosso-scarlatto, con ampio scollo quadrangolare, bordato da ruche in tulle meccanico, corpino lievemente increspato e vita leggermente alzata.
Grandi maniche a palloncino, con bordi perfilati in raso sopracolore come lo scollo e la cintura, che è anche completamente ricamata. La gonna lunga alla caviglia è svasata a tre teli e sulla parte inferiore presenta un alto bordo ricamato in lamina semplice ed arricciata e canutiglia a punto passato e punto steso, con motivi floreali a rose e boccioli tra foglie di quercia, che emergono da un tralcio festonato con foglie d'alloro, puntinato da laminette. Tutto l'abito è disseminato di paillettes dorate a motivi di margheritine fermate da canutiglia.
Alla vita si aggancia una sopravveste arricciata, spartita anteriormente, i cui lembi centinati e perfilati di raso come lo scollo, si aprono, per formare posteriormente un ampio strascico a coda quadrangolare rastremato in fondo, su cui si dipana un grande motivo ricamato, in analogia a quello della sottana, arricchito da spighe e sinuosi racemi, fino a metà registro. L'abito e la sopravveste sono totalmente disseminati di paillettes dorate, in forma di corolle pluripetali. La fodera originale è in satin bianco-ghiaccio, con striscia di taffetas rossa sotto l'orlo. Corredato dalle calze originali (di seta rossa con paillettes).
Lussuoso esemplare di veste di gala, questo abito fu confezionato per la giovane figlia del Viceré di Sardegna, conte Giuseppe Tornielli Brusati di Vergano, che lo indossò in occasione della visita reale di S.M. il Re Carlo Felice nel 1829 a Cagliari, dove il conte risiedette dal novembre 1824 al luglio 1831. La famiglia Tornielli Brusati di Vergano aveva la residenza a Novara e il Viceré ebbe incarichi diplomatici a Torino prima e dopo la permanenza in Sardegna. Presumibile quindi che l'abito sia stato confezionato in area piemontese, probabilmente a Torino e eventualmente indossato anche prima della data certa 1829, dopo che l'incarico del conte determinò la necessità di vesti cerimoniali per i suoi familiari, quindi dopo il 1824, tra le quali date la confezione del vestito è evidentemente da collocare, riflettendo del resto palesemente lo stile sartoriale del tempo. Comunque l'abbigliamento cerimoniale conserva a lungo i moduli stilistici di una foggia che, in questo caso, nata nel periodo dell'Impero napoleonico si va formalizzando in canoni codificati, conservando a lungo la tipologia originaria, anche se già il taglio asseconda il ritorno alla linea 'naturale' della moda, verso il terzo decennio, con la vita che va calando al punto giusto e le gonne che vanno svasandosi mediante il taglio a tre teli, con le due cuciture ai lati di quello centrale, in dritto filo e distribuendo l'ampiezza in quelli laterali lievemente di tralice, per un primo accenno di raccolta posteriore. La 'robe de cour', lanciata dall'Imperatrice Josephine per la sua incoronazione fu un modello in uso per molto tempo in occasioni cerimoniali e di gala, come ai balli, dove la dama elegante compare con l'abito 'di gran lusso, a coda, di velluto o di raso color 'nacarat' (rosso scarlatto), con ornamenti d'oro' (*Storia delle mode*, 1854, p. 82). L'abito esposto sembra particolarmente ispirarsi al 'petit costume' indossato dall'Imperatrice, col manto 'fermato alla cintura con due ganci [...] e maniche corte' (*Le Costume*1931, V, p. 20) mentre il 'grand costume', di broccato d'argento, portava il manto sulle spalle e maniche lunghe.

Interventi di restauro: l'abito smontato nel passato, nelle sue parti costituive, è stato ricucito con filo di seta, seguendo i punti originali: la gonna rivela di aver subito interventi di accorciatura di tredici centimetri, per gli evidenti segni di cucitura all'altezza della vita. L'intervento restaurativo attuale ha rimontato la gonna nella versione più corta, per evitare le tracce di usura. Lo strascico è stato ricucito alla cintura che lo regge. Il costume è stato vaporizzato per eliminare le sgualciture.

Manifattura italiana (lucchese ?), terzo decennio del XIX secolo.
Velluto operato e raso canneté, ricamato con filo di seta, filo d'oro e
d'argento, canutiglia, paillettes e strass. Fodera in taffetas.
Veste: lunghezza totale cm. 163; spacchi con piegoni cm 61; spalle
cm. 32; maniche cm. 73, con paramani di cm. 13.
Calzoni: lunghezza totale cm. 79; vita cm. 94; con inserto di cm. 16.
Gilet: lunghezza totale totale cm. 43; falde cm. 14; spalle cm. 30.
Provenienza: contessa Adelasia Della Gherardesca.
Acquisizione: dono della signora Wanda Ferragamo.
Inventari: G. A. A., nn. 1334-6.

Abito di gala in tre pezzi, composto da veste sontuosamente
ricamata, calzoni al ginocchio in velluto operato e gilet in seta
bianca, ricamato in analogia alla veste. La giacca lunga (marsina) è
tagliata a redingote, con mostra stondata, sette bottoni e due sole
asole corrispondenti, falde sfuggenti e riunite posteriormente, con
spacco centrale e due laterali entro piegoni fermati da un bottone
all'orlo. Alto collo verticale, maniche aderenti con paramano, tasche
con patte sagomate, sottolineate da tre bottoni. Il gilet è tagliato con
falde sfuggenti sotto la vita e tasche a patte; collo a fascetta e
mostra con dieci bottoncini. I calzoni al ginocchio sono a patta
abbottonata anteriormente sulla baschina chiusa da cinque bottoni
verticali e due sulle tasche tagliate sui fianchi. Cinturino abbottonato
posteriormente, che rivela segni di allargature, confermati dall'inserto in velluto più nuovo nella cucitura centrale dei calzoni.
Il sontuoso ricamo si estende lungo le mostre e i bordi del collo, dei
polsi e dei calzoni, circonda gli spacchi entro i piegoni e si
concentra nelle zone intorno alle tasche. Il motivo consiste in un
tralcio vegetale eseguito in filo di seta a punto piatto, punto raso o
piatto sfumato, punto steso, con pigne color avorio eseguite a
nodini francesi e inserzioni di strass, alternate a spighe di grano in
oro filato e canutiglia. Gli stessi elementi, in versione semplificata,
ma in analogia tipologica e policromia alternata (le pigne sono
risolte in color bruno), si ripetono sulle mostre del gilet, che è
completamente disseminato di un simmetrico motivo a fiorellini
ricamati in oro filato a punto piatto con imbottitura e filo di seta.
Fodere in taffetas bianco, dorso imbottito all'interno della marsina.
Cravatta e polsi sono repliche.
Un'etichetta nella fodera dichiara che il completo fu esposto alla
'Mostra della seta lucchese' a Lucca, nel 1930 (nn. 162-163), a
nome della marchesa Emilia Della Gherardesca (nata Poschi-
Meuron, discendente della famiglia Garzoni di Lucca, (n. cat. 8).
L'esemplare, presumibilmente appartenuto a Paolo Ludovico
Garzoni (1762-1842), è estremamente rappresentativo della marsina di gala, che ancora nel XIX secolo denuncia stilemi tradizionali
nella linea a falde, anche se riunite nel taglio posteriore a 'coda di
rondine', come nelle 'culottes' aderenti e nella sontuosità del
ricamo, che per raffinatezza di esecuzione potrebbe confermare
l'ipotesi di una produzione locale (lucchese), di cui furono note le
qualità 'di alto livello, paragonabili ai migliori ricami del tempo,
anche francesi' (M. Bucci, nel catalogo della mostra *Costumi del
XVIII e XIX secolo*, Lucca, 1980, s. p.).

Inverventi di restauro: la fodera del colletto della marsina è stata
ricoperta con una seta nuova di color analogo all'originale. Anche
le zone delle ascelle, sulla fodera, sono state, integrate con tessuto
nuovo fissato ad ago. L'applicazione del ricamo è stata consolidata
in più punti.

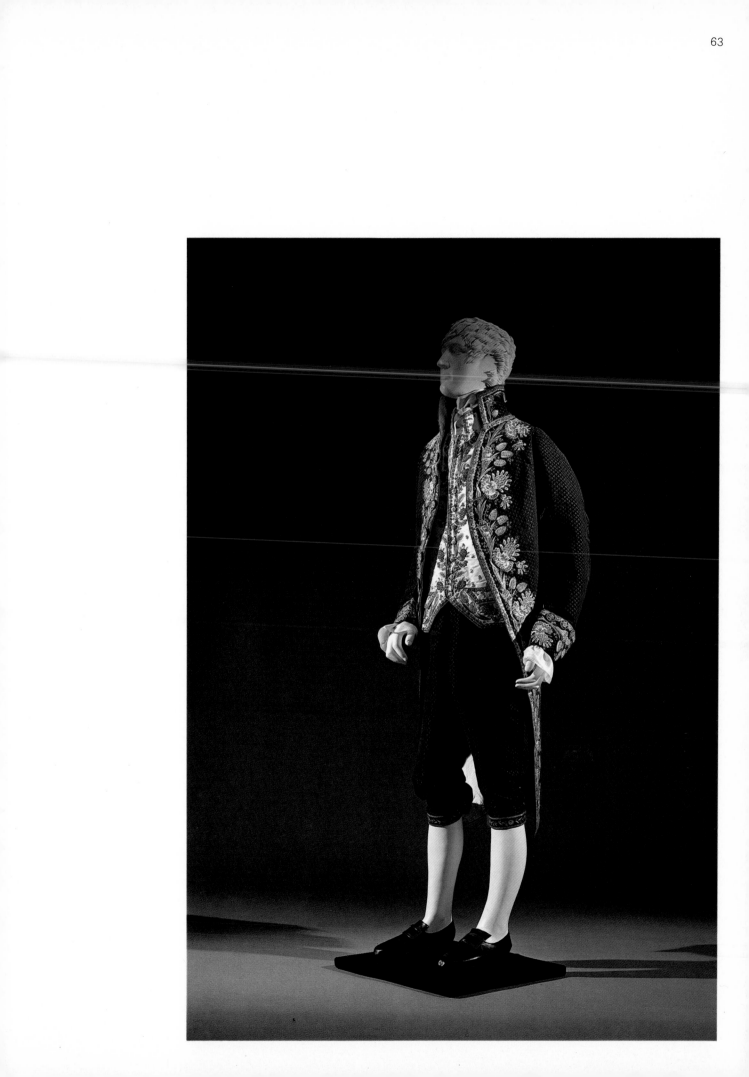

Manifattura italiana (Toscana ?), 1836.
Raso operato per trame 'liserées', pizzo 'blonde', merletto in filo di
cotone. Fodera in garza.
Abito: lunghezza totale anteriore cm. 126; lunghezza totale posteriore
cm. 139; busto cm. 39; spalle cm. 48; maniche cm. 76; vita cm. 62;
lunghezza anteriore gonna cm. 87; lunghezza posteriore gonna cm.
95; circonferenza totale orlo cm. 165; mantellina cm. 84×30; velo:
cm. 150×150.
Provenienza: signora Maria d'Alfonso Ascione, Firenze.
Acquisizione: acquisto dello Stato.
Inventari: T. A. 1913, n.1578.

Abito da sposa in tessuto di seta operato su fondo raso, color oro
vecchio, a motivi di peonie aperte e piccole margherite. Il corpino in
forma trapezoidale con fianchette, scollo e vita a punta, è increspato
sul seno in pieghe morbide orizzontali, scandite al centro da una
bacchettatura verticale fino alla vita. Le maniche sono 'à gigot', e a
sboffi fermati da cinturini della stessa stoffa, da allacciare con piccoli
bottoncini. La gonna è a pieghe morbide, a tutta lunghezza, bordata
all'interno con garza grezza per cm. 10, come il 'canezou', che è
bordato da pizzo 'blonde' color avorio bruciato. Tutte le cuciture sono
ribadite e filettate di sbieghino nella stessa stoffa. Velo quadrangolare
in tulle meccanico lavorato a punto catenella, del tipo 'application de
Bruxelles', in imitazione meccanica del 'tambour work', a motivi
floreali.
Questo abito appartenente ad Angiola Polese, nata a Livorno nel
1808 e fu confezionato in occasione delle sue nozze nel 1836, con
Giuseppe Ascione, di antica famiglia di corallai (anche cat. n. 17). Il
velo è dichiarato appartenente allo stesso completo da sposa, che
però presenta il 'canezou' bordato con merletto tipo blonde che
suggerirebbe un velo da testa analogo e più pertinente al periodo. Il
velo rivela un tipo di lavoro più tardo, sia nel motivo che nella
esecuzione tecnica eseguita a macchina su tulle ricamato a punto
catenella ad imitazione della 'application de Bruxelles', che ebbe in
Italia grande diffusione nella seconda metà del secolo.
La tipologia dell'abito si colloca perfettamente nella moda degli anni
successivi alla Restaurazione, dopo che in Francia 'la duchessa de
Berry lanciò la moda delle maniche 'à gigot', reminiscenza di quelle
del XVI secolo' (*Storia delle Mode*, 1854, p. 117), che successero a
quelle corte a sboffo e a 'mameluk', con guaina arricciata e manichetti
'bouillonnés' fermati da nastrini (cat. n. 12), ma spesso assimilate alle
precedenti, conservandone gli elementi fondamentali: infatti le
maniche di questo vestito sono rigonfie all'omero, strette sotto al
gomito e a sboffi successivi, serrati da nastrini dello stesso tessuto,
secondo la moda che 'a partire dal 1836 le maniche à gigot non sono
sboffanti che a metà del braccio e aderenti in alto e in basso' (*Le
Costume*, 1931, V, p. 40). Le spalle calate conservano ancora una
sorta di spallino sull'attaccatura bassa delle maniche, sottolineate da
una serie di piegoline piatte, fermate da nastrino. Il bustino a punta
con grande scollo rivela la piena struttura triangolare, ormai
codificata nelle pieghe piatte sul seno in posizione orizzontale,
scandite al centro da bacchetta verticale, che incentra la vita già a
forma di freccia. La gonna increspata alla vita va già gonfiandosi,
prevedendo un sostegno che ne assecondi la linea a cupola. Anche il
'canezou', corta mantellina che correda l'abito, ha la linea tipica della
moda 'Louis Philippe' che rivalutava le fogge di fine secolo XVIII e fu
di gran voga col nome di 'canezou-pèlerine' nel quarto decennio e
fino alla metà del secolo scorso.

Interventi di restauro: sono stati eseguiti alcuni interventi di
consolidamento delle cuciture usando filo di seta. Il merletto della
mantellina è stato rimosso, tamponato con acqua deionizzata,
rinforzato applicandolo su crepeline di seta con punti ad ago, quindi
ricucito. Le pieghe dello scollo dell'abito sono state risistemate grazie
al ripristino del nastro nell'interno che le tiene in forma. Le rotture del
tessuto intorno alla scollatura sono state riparate ponendo sotto
pezzeti di seta di colore analogo più possibile all'originale, cuciti con
filo di seta finissimo a punto posato. Tutto l'abito è stato spolverato,
prima di essere vaporizzato.

Manifattura italiana, probabilmente Toscana (Livorno), 1840 ca.
Seta tussah.
Lunghezza totale anteriore cm. 128; lunghezza totale posteriore cm.
140; busto cm. 40; maniche cm. 52; vita (regolabile) cm. 74;
lunghezza anteriore gonna cm. 91; lunghezza posteriore gonna cm.
94; circonferenza totale orlo cm. 380.
Provenienza: signora Maria d'Alfonso Ascione, Firenze.
Acquisizione: dono di G. Gucci s.p.a., Firenze.
Inventari: T. A. 1913, n. 1687.

Abito da casa in tessuto di seta 'tussah' scozzese con riquadri blu,
neri e marrone bruciato. Veste intera a tutta lunghezza, piccolo scollo
a 'V', manica ribassata in tralice e piccoli polsi; corpino a tre pieghe
cucite per breve tratto dalle spalle e dalla vita e lasciate morbide sul
seno. Dorso a fianchetti con spalle calanti sulle maniche a chimono,
vita arrotondata, gonna a tre teli, due laterali e uno posteriore
centrale, completamente arricciata con finta piega anteriore fermata
da bottoncini fasciati neri per tutta la lunghezza e fitta increspatura a
piegoline cucite sul tratto centrale posteriore, per raccogliere
maggiore ampiezza. Corpetto e orlo foderati in tela di lino beige.
'Balayeuse' in lana nera.
Il colletto è una replica.
Esemplare caratteristico della moda di passaggio tra la fine del
periodo Biedermaier e il primo Romanticismo, come l'altro della
stessa collezione (cat. n. 16), questo abito da casa si colloca
perfettamente nel momento di ritorno a uno stile severo, ai colori
sobri, alle giuste proporzioni di taglio sartoriale, che accompagni le
linee naturali della figura. Alla variopinta farfalla stile Luigi Filippo,
dalla vita di vespa, maniche e spalle sboffanti di esagerate
dimensioni, succede il momento della riflessione, nel decennio che
prepara ai gradi eventi del '48 e anche le mode sembrano
partecipare ai propositi di austerità, attingendo dalle sobrie fogge
anglosassoni ed alla letteratura romantica del romanziere Walter
Scott, i pacati scozzesi, i tessuti opachi e le calde lanette per le
lunghe ore casalinghe. Col revevival degli scialli cachemere è il
momento dell'abito da casa, comodo, da portarsi specialmente di
mattina o sotto il severo, 'carrick', di taglio rigorosamente semplice,
appena ravvivato dal candore di un fichu o dalla 'berthe' incrociata
sul busto.
L'abito faceva parte del corredo dalla giovane sposa Ascione (cat. n.
16) negli anni successivi alle sue nozze, verso gli anni '40, nel
presunto periodo delle gravidanze, che trova conferma nella serie di
gancetti che corredano la chiusura della vita, per regolarne le misure.

Interventi di restauro: l'abito ha avuto bisogno di interventi di
consolidamento in parecchi punti dove il tessuto si presentava
consunto, eseguiti con rinforzi di seta fissati a punto posato con filo
di poliestere finissimo. La 'balayeuse', molto consumata, è stata
sostituita; i polsini e la chiusura dell'abito sulla parte anteriore del
corpetto sono stati protetti con crepeline di seta.

Manifattura italiana, 1845 ca.
Damasco broccato di seta, passamaneria, merletto tipo 'blonde'.
Lunghezza totale anteriore cm. 135; lunghezza totale posteriore cm.
143; busto cm. 44,5; spalle cm. 32; maniche cm. 33, con volani di cm.
13,5; vita cm. 62; circonferenza totale orlo cm. 338.
Provenienza: mercato antiquario.
Acquisizione: dono della Cassa di Risparmio di Firenze.
Inventari: G. A. A., n. 1340.

Abito femminile elegante in taffetas di seta color acqua, a balze
damascate nel tipo 'a fontana', tipico del XIX sec. e broccate a motivi
floreali color tabacco, festonate e perfilate di bordino in
passamaneria di seta. Corpetto aderente con ripresa di pieghe, che
fermate sulle spalle si sciolgono sul seno ricollegandosi a quelle che
dalla vita in punta si aprono a raggera sul busto. Maniche aderenti
fino al polso, guarnite 'à sabot' da tre volani posti in ordine
decrescente: l''engageant' è guarnito da merletto tipo 'blonde'. Le
cuciture strutturali dell'abito sono profilate con cordoncino tubolare
che si raddoppia intorno al piccolo scollo, alla vita e all'orlo.
Collaretta e maniche sono repliche.
Se nel manualetto di moda datato 1854 (*Storia delle Mode*, 1854, p.
124) leggiamo della gran voga delle gonne 'adorne di parecchi giri di
balzane', fin dai due anni precedenti e che dal 1840 circa usano le
maniche aderenti, che dal 1848 si guarniscono con 'engagéantes'
come nel Settecento si chiamarono 'en pagode' o 'à sabot' (cat. n. 3)
ma che oramai vanno decadendo dal 1852, veniamo anche a
sapere, riguardo alle gonne che 'le vite, che dopo il 1840 inclinavano
sempre ad allungarsi e avevano una gran punta sul davanti, ora si
accostano affatto al naturale e non si vedono più punte, tranne che
alle feste da ballo [...] La moda delle vite rotonde giuste alla cintura
data dal 1852'. Da tale insostituibile documento di cronaca, per
l'attualità delle informazioni, si possono desumere dati cronologici
precisi: le balze ci datano il vestito ad un periodo non troppo
posteriore al 1844, intorno al 1845 per le maniche svasate in
'engagéants' come quelle Louis XV, che tagliate al gomito si
chiamarono 'à sabot' (cat. n. 3), mentre la vita sempre in punta, ma
non più esagerata e non ancora rotonda, conferma la data della metà
secolo, come esemplata da illustrazioni coeve in strettissima
analogia. Valga per tutte il confronto con la crinolina a tre volani,
datata 1845 su *Le bon ton* giornale parigino, in *Le Costume*, 1831, V,
p. 51, tav. 80.

Interventi di restauro: le cuciture dell'abito sono state in più parti
rinforzate usando filo di seta fine. Il merletto delle maniche è stato,
previa rimozione, tamponato con acqua deionizzata e rinforzato con
l'applicazione sottostante di crepeline di seta.

Manifattura italiana, 1848 ca.
Taffetas, passamaneria tubolare in seta e merletto meccanico.
Lunghezza totale anteriore cm. 120; lunghezza totale posteriore cm.
134; busto cm. 35; spalle cm. 40; sopramaniche cm. 43; manichette
cm. 26; vita cm. 66; lunghezza anteriore gonna cm. 91; lunghezza
posteriore gonna cm. 99; circonferenza totale orlo cm. 325.
Provenienza: mercato antiquario.
Acquisizione: dono della Cassa di Risparmio di Firenze.
Inventari: G. A. A., n. 1341.

Abito da passeggio in taffetas di seta con corpetto aderente a punta e
giro collo rotondo, maniche 'a pagoda' calate, con motivo 'a
pellegrina' filettata in passamaneria chiara e sottomaniche aderenti in
merletto meccanico 'a braccialetti', cioè scandite da una serie di
nastrini nel tessuto dell'abito. L'ampia gonna increspata dalla vita si
apre a cupola e si definisce in basso in un duplice rango di volani alti
cm. 7, sottolineati da cordoncino tubolare bianco, in analogia alle
guarnizioni in passamaneria che sul corpetto si aprono a ventaglio
dal centro-vita alle spalle, ornate da galettine increspate e cucite. Lo
stesso motivo trapezoidale del corpetto è scandito sul dorso tagliato
a fianchette perfilate dalle ribattiture delle cuciture e sostenuto
all'interno da cinque stecche.
Il colletto è una replica.
'Riguardo alle donne, sono circa dieci anni che portano i vestiti adorni
di parecchi giri di balzane [...] nel 1848 cominciò la moda delle
maniche larghe al basso e aderenti all'alto dette alla religiosa, che,
allargatesi ancor più all'estremità presero il nome di maniche
pagode, cioè alla chinese, la qual moda finì non di vivere, ma di
regnare col 1852' (Storia delle mode, 1854, pp. 124-125). Come si
vede dalle cronache coeve, l'abito femminile dal quarto al quinto
decennio dell'Ottocento è esattamente analogo all'esemplare esposto, che inoltre rivela alcuni elementi significativi per una precisa
datazione: ad esempio le maniche a pagoda non sono anteriori al
1848, ma la sottomanica, che qui è aderente, andrà gonfiandosi
arricciata verso i primi anni del quinto decennio. Infatti 'nel 1853 le
maniche si fanno larghe in alto, mentre diminuiscono d'ampiezza al
basso ed a quando a quando ricordano quelle del 1825' (ivi). Anche
la linea della gonna a cupola già più ampia posteriormente, qui
suggerisce l'impiego della prima sottogonna in crine, 'étoffe-
crinoline', appunto, apparsa fin dal 1842, mentre la vera 'cage-
crinoline' in stecche di balena o a cerchi metallici ispirata alle
tecnologie del ferro, come l'immensa cupola a gabbia di Cristal
Palace di Londra, nell'Esposizione del 1851, come è noto non
compare fino al 1856, per raggiungere il suo apice e il suo declino nel
1866, sempre legata alle vicende della moda che caratterizzarono
l'"èpoque de Worth' (vedi il saggio introduttivo Dall'anonimo al
firmato). Del resto l'impiego del merletto meccanico non può
collocarsi in Italia ad una data molto precedente al 1848, ulteriore
conferma per un'ipotesi cronologica non arretrabile a quegli anni.

Interventi di restauro: sono stati necessari alcuni interventi per
rafforzare le cinture e i ganci; l'abito è stato parzialmente smacchiato
con detergente non ionico; il tessuto nei punti più fragili è stato
rinforzato con crepeline di seta trattata con resina polivinilica.

Manifattura francese, terzo quarto del XIX secolo (1860-1865).
Casimir di seta (su fondo a spina con trame lanciate), peluche,
passamanerie, cordoni e frangie di seta. Fodera in seta.
Abito: lunghezza totale anteriore cm. 128; lunghezza totale posteriore
cm. 143; busto cm. 33; spalle cm. 53; sopramaniche cm. 24 × 69; vita
cm. 59; lunghezza anteriore gonna cm. 95; lunghezza posteriore
gonna cm. 105; circonferenza totale orlo cm. 330.
Mantellina: altezza posteriore cm. 37,5; lato cm. 34; lunghezza
cm. 164.
Provenienza: casa Arrigoni degli Oddi.
Acquisizione: acquisto dello Stato.
Inventari: T. A. 1913; n. 1589.

Abito da casa 'princesse', cioè veste intera senza taglio in vita, che è
segnata da una stringa passata in 'coulisse', e lungo cordone in seta
con nappa (lunghezza cm. 150). L'abito è compl etamente aperto
davanti e allacciato sul busto con giro collo, da tre bottoni fasciati di
'peluche' color tortora e relativi alamari in cordoncino di seta,
analoghi ai dieci che allacciano la gonna. Spalle calate, segnate da
bacchettatura orizzontale per cm. 19, che ferma una triplice piega
cucita per cm. 11, quindi, sciolta, dà tutta l'ampiezza al busto. A cm. 8
dalla spalla si apre l'ampia sopramanica a pagoda, completamente
tagliata 'a pipistrello', con bordo in peluche color nocciola di cm. 4 e
frangia di seta e ciniglia di cm. 8, nei colori giallo, ruggine, verde,
paonazzo e nocciola (o tortora) assortiti a quelli dell'abito, che è in
lanetta lavorata a cachemere (con intreccio di fondo a spina e opera
per trame lanciate) nei motivi analoghi a grandi virgole rosa-grigio e
verde pisello su fondo blu.
La gonna è ampia e risulta assai increspata per la coulisse che serra
la vita e che posteriormente si infittisce con piegoline cucite per un
tratto di cm. 28 per valorizzare l'ampiezza della cupola che si
prolunga ulteriormente. Sui fianchi inserzioni di peluche color
nocciola come il bordo delle sopramaniche, guarnite da bottoni
fasciati in casimir, che sono collocati in disposizione decrescente dal
basso in alto in dieci ranghi di tre, due e un solo bottone sui fianchi.
L'orlo è ribadito con fettuccia di cotone color castagna che fuoriesce
per alcuni millimetri: è la 'balayeuse', che serviva a proteggere il
vestito dalla polvere.
L'abito è completamente foderato in setina di taffetas gialla, mentre le
sopramaniche rivelano una fodera analoga, ma più nuova, guarnita
sul bordo interno con doppia ruche a pieghe stirate. Il busto è sorretto
da due stecche sul dorso. La fettuccia della coulisse e quella che
stringe la vita al suo interno sono originali. La mantellina che correda
l'abito è in tutto analoga, come forma, colore e decorazione alle
sopramaniche ed è completamente bordata di frangia in seta. Le
maniche della camicia di batista che, secondo la moda del tempo
dovevano sboffare dalle sopramaniche, sono attuale integrazione
(replica).
La camicietta è una replica.
L'esemplare si colloca cronologicamente nel momento di declino
della crinolina classica, l'enorme 'cage-crinoline' che, per l'incalzare
dei suggerimenti sartoriali del grande Worth, verso gli anni '60, tende
ad allungarsi posteriormente preludendo l'iperbolico strascico in
seguito definitivamente raccolto nella 'tournure', con la rivoluzione
operata dal mago della Haute-Couture nell'influente ambiente
parigino e poi internazionale (cfr. 'Roma Capitale 1870-1911. I piaceri
e i giorni , la moda', p. 29 sgg.). Nel momento in cui autorevoli
eleganze vanno già avversando la deformante 'cage' (la prima a
disfarsene fu la Regina Vittoria e memorabili restano i centotrè
volants della mostruosa crinolina indossata da Eugenia Montijo ad un
ballo alle Tuileries nel 1859, rapidamente rimpiazzata da un abito
privo di armatura al ballo successivo, nella furiosa battaglia a
supefacenti colpi di supremazie mondane con la temibile rivale

Contessa di Castiglione), e prima che questa raggiungesse il suo
massimo volume nel 1866, va affermandosi nella moda femminile
una nuova veste comoda, con taglio unico completo al corsetto,
chiamato 'princesse', o 'principessa', o 'abito all'Imperatrice', perché
adottato da Eugenia Montijo come vestito da giorno 'guarnito con
abbondante passamaneria... per favorire i produttori lionesi di tali
guarnizioni' (Levi Pisetsky, 1978, p. 320)
Già segnalato nel Corriere delle Dame nel 1858, come veste senza
cucitura in vita, nel 1860 se ne definisce il nome, e già nel 1864
sembra molto diffuso a Parigi, ma con scarso successo in Italia (ivi)
La linea fluida della 'princesse' favorisce nella crinolina che ne
sostiene la gonna la tendenza 'ad appiattirsi sul davanti, nel corso de
1862, per svilupparsi rigogliosamente sul dietro, sempre restando
molto sbuffante sui fianchi. I cerchi diventano allora ovali e spostano
l'ampiezza del vestito, le cui grandi pieghe radunate in uno strascico
lasciano intravedere ciò che sarà la tournure' (Perrot, 1981, pp.
157-158). '...Vers 1866, la crinoline s'aplatit sur le devant, et son
ampleur, reietée en arrière, annonce déjà la 'tournure' de la fin du
règne' (Wilhelm, 1955, p. 76). Riscontri iconografici coevi, come le
incisioni di mode del 1860 e 1863 sul Journal des Demoiselles e
Musée des Familles di Parigi, come sul Mondo Elegante del 1867,
dove già si nota la presenza della 'tournure' (A. Martini, 1933, pp.
83-87), giustificano la datazione dell'esemplare esposto.

Interventi di restauro: sono stati necessari numerosi interventi di
consolidamento delle cuciture, dei bottoni e delle applicazioni.

Haute-Couture parigina (etichetta 'Worth-Paris'), 1884.
Raso e gros di seta, tulle e organza di seta, frangia di seta.
Lunghezza totale anteriore cm. 130; lunghezza totale posteriore cm.
203; spalle cm. 35; maniche cm. 50; vita cm. 56; circonferenza totale
orlo cm. 359.
Provenienza: proprietà privata.
Acquisizione: dono del Centro di Firenze per la Moda Italiana.
Inventari: T. A. 1913, n. 1628.

Abito da sposa in raso di seta e 'gros de Tours' color avorio. Guaina a
tutta lunghezza senza tagli in vita, a teletti alternati in raso e gros,
svasati in grande ampiezza fino all'orlo che si allarga posteriormente
in lungo strascio. Dal telo laterale destro, in lucido raso, si diparte un
ampio drappeggio di gros opaco, bordato da alta frangia di seta
lucida, che avvolgendo la figura si raccoglie con imponente ripresa di
pieghe sulla 'tournure', per definirsi in enorme coccarda a girale sul
lato sinistro e si raccorda alla cucitura opposta del telo destro, che è
guarnito da una doppia ruche in organza di seta plissettata. La fascia
terminale della gonna è definita da un'alta balza doppia in raso,
fittamente plissettata, sempre in sezioni lucide e opache alternate,
che posteriormente si arricchisce sul rovescio di una ulteriore gala
plissée in organza color the, orlata di trina.
Il busto di linea lunga aderisce perfettamente alla figura e si definisce
in collarino eretto sulla nuca doppiato da ruche in organza di seta,
inserito nello scollo quadrato, che conserva tracce di tulle precedente
e segni di ulteriori applicazioni decorative. Alette analoghe al collo
guarniscono l'attaccatura delle maniche, da cui dipartono bande in
raso lucido, fermate sotto il gomito da nastro di raso e doppia ruche
in organza e trina plissettata. Tracce di tulle anche sulle spalle
suggeriscono maniche a bande su tulle trasparente. Corredato da
ulteriori maniche staccabili realizzate in bande alterne di raso e gros,
desinenti in linguelle centinate. All'interno, l'abito ha il busto
completamente steccato che aderisce al dorso mediante lacci
passati in occhielli lungo la cucitura centrale posteriore, ribadita da
un grosso gancio in vita. Confezionato per una dama elegante
residente a Parigi, in occasione delle sue nozze nel 1884, questo
pregevole abito rivela l'alto livello di esecuzione nella perfetta
struttura e le accurate rifiniture, la qualità dei materiali e gli
accorgimenti sartoriali per adeguarne l'uso ad occasioni cerimoniali
diverse (nozze, serate di gala e balli). In particolare gli accostamenti
dei tessuti in alternanze ritmiche lucido-opaco e nel taglio magistrale,
evidenziano la produzione di alta sartoria, quale fu la casa Worth di
Parigi dalla metà dell'Ottocento, per quasi un secolo (a questo
proposito si veda il saggio introduttivo *Dall'anonimo al firmato*).

Interventi di restauro: il tulle di seta originale delle maniche,
completamente consumato, è stato sostituito con tulle di seta nuovo.
Le zone delle ascelle, molto deteriorate, sono state consolidate
mettendo un pezzo di raso di seta, un pezzo di crepeline di seta
sopra e fermando il tutto con dei punti fitti in filo poliestere finissimo.
Nella scollatura sono rimaste tracce di ruche in tulle di seta che è
stata integrata con tulle di seta nuova. La balza superiore della gonna
è stata riplissettata mediante cuciture delle pieghe e fissaggio a
vapore.

Haute-Couture parigina (etichetta 'M.me Callot, Paris'), ultimo quarto
del XIX secolo (1884 ca.).
Mussola di cotone, taffetas marezzato di seta, gallone laminato
dorato. Fodera in taffetas e mussola di seta.
Lunghezza totale anteriore cm. 180; lunghezza totale posteriore cm.
166; busto cm. 40; spalle cm. 38; maniche cm. 50; vita (gros-grain)
cm. 59,5; circonferenza totale orlo cm. 440.
Provenienza: proprietà privata.
Acquisizione: dono del Centro di Firenze per la Moda Italiana.
Inventari: T. A. 1913, n. 1630.

Abito 'polonaise' in mussola di cotone color azzurro cobalto, con
sprone rotondo in seta marezzata sopracolore, bordato da ruche, a
cui si giungono le maniche tre-quarti sboffanti fin sotto al gomito, tutto
perfilato da gallone in lamé dorato (altezza cm. 4,5), decorato in
rosso bordeaux e bleu, che segna l'attaccatura delle spalle e il collo a
fascetta, aperto avanti in uno spacco fin sotto alla vita. Dallo sprone
si diparte l'ampio panneggio della 'polonaise', in sopragonna a forma
di grembiule che avvolgendo la figura, si raccoglie a drappeggio in
un ciuffo di pieghe posteriori, sostenute dalla 'tournure' della sottana,
per aprirsi a ventaglio in breve strascico. L'ampiezza della 'polonaise'
posteriore è risolta in plissé-soleil sul dorso, concluso in vita e inserito
nel corsetto tagliato a punta, solo fino ai fianchi con le tredici stecche
regolamentari, otto davanti e cinque dietro. La sottogonna, sempre in
mussola, presenta posteriormente una sezione in taffetas, a balze
sovrapposte arricciate con coulisses, rispettivamente dalla vita, di
cm. 30 e cm. 73 per consentire la collocazione della 'tournure'. La
sezione inferiore è foderata in mussola ed è bordata di gala plissée e
da una doppia ruche di taffetas e di mussola orlata di gallone, che si
raccorda alla completa sottogonna della 'polonaise'.
La cintura è una replica.
Proveniente dalla stessa proprietaria dell'abito di nozze firmato Worth
(cat. n. 21) e presumibilmente facente parte del suo corredo, tale
abito è databile intorno al 1884, quando storicamente la moda
femminile è già definita nei canoni codificati della 'tournure', o 'puff', o
'cul de Paris', come veniva insolentemente definito il nostro 'sellino'.
Seguendo l'evoluzione della crinolina, dalla sottogonna in crine,
étoffe crinoline', alla 'cage' metallica dall'enorme cupola
successivamente ellittica, per le sollecitazioni parigine che andavano
diffondendo le geniali soluzioni del grande Worth (vedi il saggio
introduttivo *Dall'anonimo al firmato*) si giunge alla definitiva raccolta
del lungo strascico posteriore in grossi drappeggi, anche mediante
cordoni ('croupières'), che ne sollevavano il volume, come usato per
le tappezzerie, e desunto dalle mode rococò (che si chiamò tunica
alla 'Camergo', dal nome della celebre danzatrice che ne lanciò la
voga dai palcoscenici parigini intorno agli anni '70), la moda
'tapissier', appunto, che inizia intorno al settimo decennio e da poter
collocare del resto perfettamente anche nello stile eclettico del
tempo, che accogliendo suggestioni decorative di ogni genere,
diffuse perfino una 'moda della gravidanza' con 'ventres à trois,
quatre, six mois' (Kubalova, 1966, p. 281), da non escludere peraltro
dal corredo di una giovane sposa del 1884. La casa Callot, come è
noto, composta dalle tre famose sorelle, figlie di un antiquario
parigino era soprattutto diretta dalla maggiore, madame Gerber a cui
questo esemplare, ancora firmato 'M.me Callot, Paris' deve
certamente riferirsi.

Interventi di restauro: sono stati necessari alcuni interventi di
consolidamento ad ago della fodera e delle cuciture, specialmente
allo sprone, ai polsi ed al collo.

Haute-Couture parigina (etichetta 'Felix, Paris'), 1884 ca.
Seta marezzata con armatura 'gros de Tours', merletto meccanico
del tipo Valenciennes, organza di seta.
Lunghezza totale anteriore e posteriore cm. 144; spalle cm. 31;
maniche cm. 38; vita cm. 62,5; circonferenza totale orlo cm. 266.
Provenienza: proprietà privata.
Acquisizione: dono del Centro di Firenze per la Moda Italiana.
Inventari: T. A. 1913, n. 1625.

Abito in 'moiré' e trina color panna. Corpetto aderente a lunga punta,
allacciato davanti a tutta lunghezza. Scollo quadro bordato da doppia
ruche di trina, come le maniche aderenti fino al gomito. Gonna a
cupola, composta di ampio drappeggio a grembiule che si raccoglie
sulla 'tournure' posteriore e si definisce in un lembo a strascico,
fermato con grossi ganci alla sottana inferiore, tutta a gale di merletto
del tipo Valenciennes. L'ultima balza dell'orlo, doppiata da altra in
tessuto marezzato come l'abito, è sostenuta da una doppia gala di
organza di seta plissettata e bordata di trina.
Anche questo abito, come quello firmato Worth (cat. n. 21)
appartenne alla stessa proprietaria sposata nel 1884, a Parigi,
presumibilmente fece quindi parte del suo corredo di nozze, e come
l'altro, di squisita fattura, è produzione della prestigiosa Maison Felix,
una delle più importanti case di haute-couture parigina, nate sulla
scia della prima, per cui si rimanda al saggio introduttivo.

Interventi di restauro: si sono rinforzate le cuciture in alcuni punti e le
fermature dei ganci.

Manifattura francese (?), 1884 ca.
'Gros de Tours' e broccato di seta, merletto meccanico, organza.
Lunghezza totale anteriore cm. 136; lunghezza totale posteriore
cm. 144; spalle cm. 41; giro-vita cm. 59; circonferenza orlo gonna
cm. 258.
Provenienza: proprietà privata.
Acquisizione: dono del Centro di Firenze per la Moda Italiana.
Inventari: T. A. 1913, n. 1627.

Abito in 'gros de Tours' giallo-oro e broccato di seta color avorio con
motivi di roselline giallo-ocra e foglioline verde-tenero. Corpetto
aderente con punta 'en coeur' e scollo a barca, arricchito da una alta
balza di merletto meccanico color écru, che, appuntata agli apici
delle spalle, scende a formare breve manica (cm. 15).
Gonna a 'paniers' in broccato, che si raccolgono in panneggio
posteriore sul 'culisson' della sottana in gros, aperta in due lembi
irregolari sui fianchi, sopra una sottogonna in balze arricciate di
merletto meccanico a motivi di uccelli affrontati. L'ultima balza è
realizzata in gros, a fitti cannoni piatti, doppiata da plissettatatura in
broccato, che è sostenuta da un'ulteriore doppia gala in organza
plissettata, bordata di merletto meccanico.
L'esuberanza decorativa, che conferma il gusto per il sovraccarico,
tipico degli anni ottanta dell'Ottocento, rivela anche una esecuzione
sartoriale particolarmente accurata, che suggerirebbe la provenienza
da una casa di mode parigina, come gli altri modelli della stessa
raccolta (cat. nn. 21-23, 25), ma l'assenza di una etichetta che ce ne
confermi l'ipotesi, suggerisce una sostituzione successiva del
gros-grain interno alla cintura, dove generalmente si colloca la firma
di sartoria.

Interventi di restauro: su questo esemplare non è stato eseguito
nessun particolare intervento di restauro.

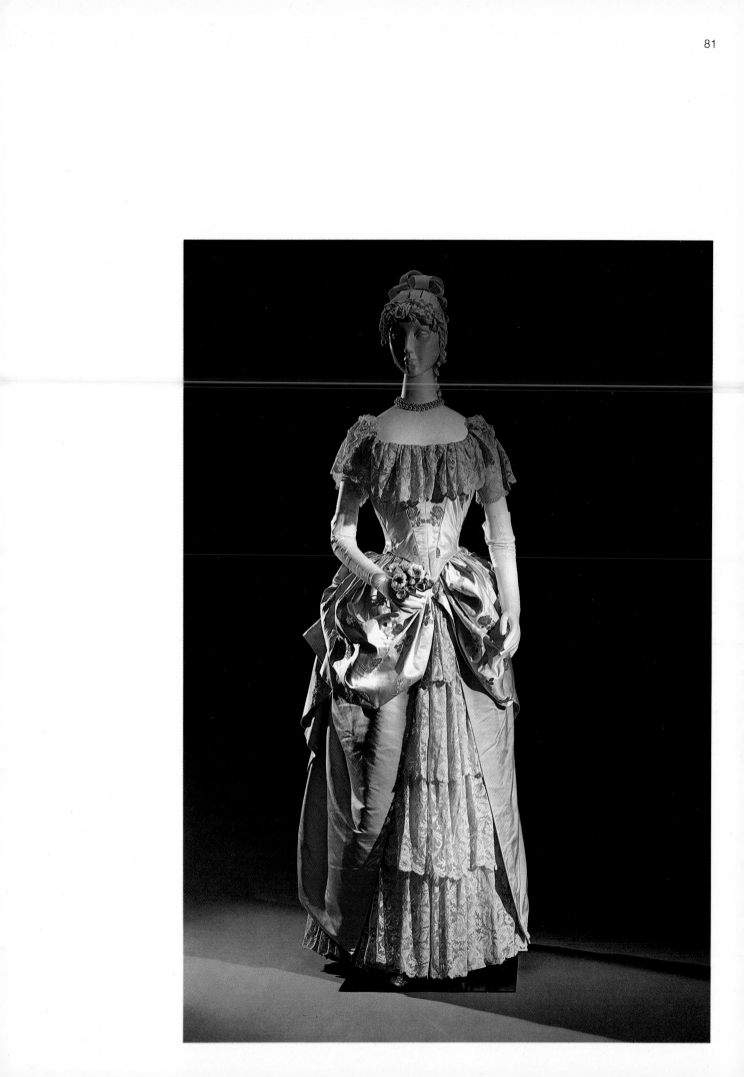

Haute-Couture parigina (etichetta 'Felix-Paris'), 1887 ca.
Raso di seta, 'gros de Tours', organza di seta.
Lunghezza totale anteriore cm. 140; lunghezza totale posteriore cm.
149; spalle cm. 42; giro-vita cm. 59,5; circonferenza orlo gonna
cm. 214.
Provenienza: proprietà privata.
Acquisizione: dono del Centro di Firenze per la Moda Italiana.
Inventari: T. A. 1913, n. 1624.

Abito da ballo color avorio, realizzato in tessuti diversi, composto da
corpetto attillato a vita lunghissima a punta, e gonna aperta in teli
sciolti svasati, realizzati in tessuto a bande alternate di raso e 'gros de
Tours', con sopragonna a campana arricciata, in mussola di seta. Lo
stesso motivo a teletti alternati lucido-opaco si ripete sul corpetto,
completamente scollato a cuore a motivo di morbido drappeggio
con organza increspata dalle spalle che si raccoglie nella cucitura
centrale fino alla vita. Due grandi fiocchi in nastro di raso guarniscono
le spalle. Sottogonna in taffetas di seta con alta ruche plissettata,
doppiata da garza di seta.
Eseguito nell'atelier della grande casa di mode parigina Felix (vedi il
saggio introduttivo *Dall'anonimo al firmato* e cat. n. 23), questo
elegante esemplare rivela l'alta qualità di produzione, nella linea
armoniosa, tutta giocata nei tagli e nelle alternanze dei tessuti,
magistralmente accostati nel sopracolore delle tinte neutre, che ne
fanno un modello particolarmente significativo dell'Haute-Couture
francese dell'Ottocento. L'abito infatti appartenne alla stessa
proprietaria, sposata nel 1884, ma sembrerebbe potersi datare a
qualche anno più tardi, per l'accentuarsi di stilemi strutturali tipici del
periodo successivo, con la punta del corsetto particolarmente
prolungata, il sellino molto rialzato che sottolinea l'inarcuarsi delle
reni e il rilevarsi delle spalle verso la moda del nono decennio.

Interventi di restauro: su questo esemplare non è stato eseguito
nessun particolare intervento di restauro.

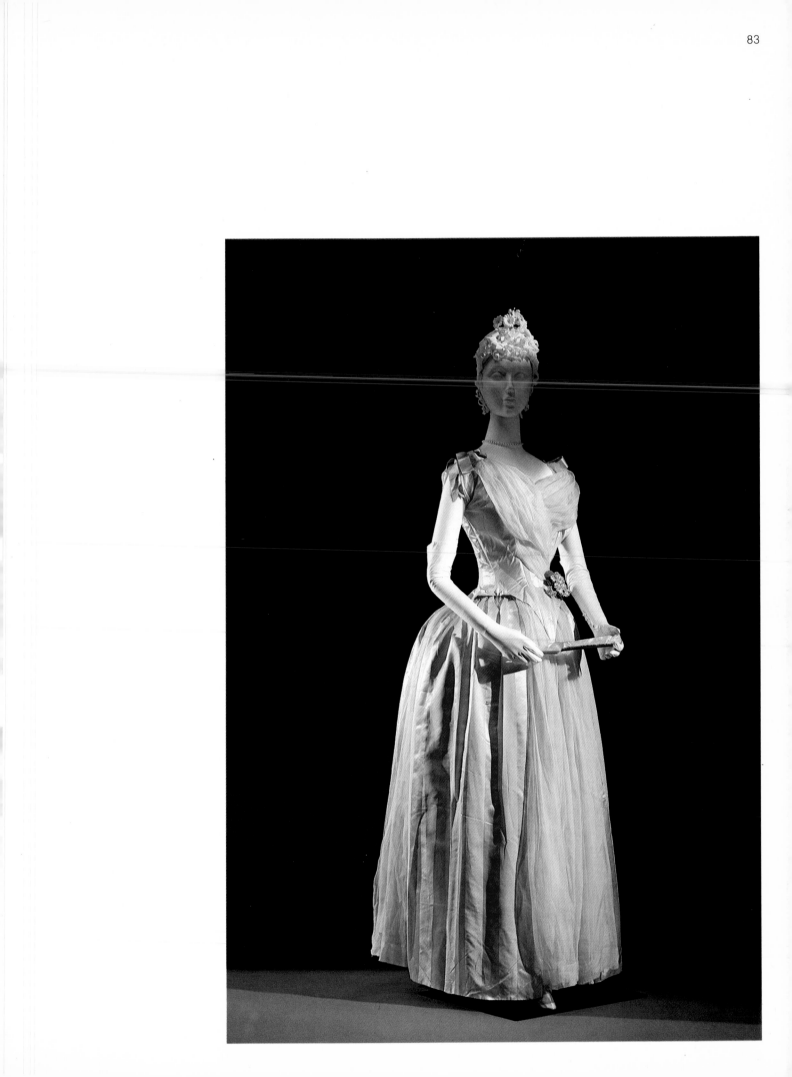

Manifattura milanese Rosa Genoni, 1906.
Mussola e satin di seta, tulle di seta ricamato in ciniglia, fili e cordoncino in seta e laminati oro e argento, lamelle in madreperla, perline, cannucce e paillettes, sfere in metallo ricoperte in filo di seta, strass.
Lunghezza totale anteriore cm. 144; posteriore cm. 180; busto cm. 33 × 54; circonferenza totale orlo cm. 481.
Acquisizione: dono della Signora Fanny Podreider, Milano.
Inventari: G. A. A., n. 1346.

'Fourreau' in satin di seta color cipria a tunica desinente a corolla in triplice rango di petali smerlati, con sopratunica in tulle meccanico écru, avvolgente a spirale con andamento verso destra, che forma ampia cappa. Largo scollo a cuore con punta costituita da fili di cordoncino laminato in oro e argento, su inserto di tulle imbottito. Dagli spallini si diparte una lunga frappa doppia di triangoli smerlati a macchina, in tulle di seta écru e mussola color cipria, da annodare morbidamente sulle brevi maniche, costituite dai lembi squadrati dello sprone a scollo rotondo sul dorso, che ricadono a formare corti ali aperte; il tutto è bordato con nastrino e frangia e sferette, in filo a spirale laminato in oro e argento. Dal dorso si dipana un gruppo di pieghe che si aprono nell'amplissimo strascico circolare. Tutta la tunica, che è completamente aperta sul fianco sinistro, è bordata da una fascia ricamata a griglia di fili d'argento, lamelle in madreperla, filo d'oro liscio e laminette, filo d'argento liscio e a spirale, ed è totalmente disseminata di bouquets floreali, proporzionalmente decrescenti dal basso in alto, eseguiti a ricamo policromo in ciniglia, con fili di seta e laminato oro e argento, composti di fiori di campo dai sinuosi steli, ricamati con paillettes cannetées: fior di sambuco, botton d'oro, bolli in metallo ricoperto in fili di seta, bacche, semi di papavero e fili d'erba a punto passato, margheritine, violette e fiori di camomilla, ricamati con perline a punto catenella, dai tenui colori in delicate sfumature. Al corpetto manca la ricca decorazione originale, come si nota invece nella fotografia dell'epoca.
Questo abito di bellissimo effetto, che magistralmente interpreta le velate trasparenze della 'Primavera' del Botticelli, a cui si ispira, è stato esposto come esemplare significativo del recupero neorinascimentale italiano, anche nell'arte sartoriale, all'Esposizione della Moda Italiana di Milano, nel 1906. Una folta letteratura esiste sulla attività artistica della Genoni, sulle sue creazioni e sui suoi scritti, riguardo a una moda italiana e nazionale, nonché sulla storia del costume di cui fu autorevole studiosa (scrisse *Storia della Moda*, Bergamo, s. d.), precorrendo il prezioso contributo culturale alle Arti Minori, segnatamente per la Storia del Tessuto, offerto in campo artistico da sua figlia Fanny Podreider, generosa donatrice dei costumi esposti. La copiosa documentazione è verificabile nella celebre pubblicazione della Genoni *Per una Moda Italiana* (Milano 1909). Altre informazioni anche nel recente saggio sull'argomento (v. cat. mostra '*Roma Capitale, 1870-1911, I Piaceri e i Giorni, la Moda*', Roma, aprile 1983, pp. 53-57. L'unicità dei due esemplari esposti (cat. nn. 31-32) è anche preziosa testimonianza dell'alto livello artistico di invenzione e di realizzazione, con impiego di materiali di elevata qualità e ricamo di pregevole esecuzione: per esempio la sigla 'B.to S.G.D.G.' nella cimosa del velluto (cat. n. 32) rivela la marca di provenienza, la ditta Bellora, grande industria tessile del Varesotto, che produceva stoffe e fodere pregiate per l'alta moda, nei primi decenni del secolo (il titolare morì verso gli anni '40), a lungo fornitrice anche delle sartorie fiorentine.
Il generoso dono comprende anche una voluminosa raccolta di campioni per ricami, che corredavano la collezione della importante casa di mode Genoni, eccezionale documento storico per il settore e prezioso contributo per lo studio del ricamo.

Intervento di restauro: è stato necessario rinforzare tutta la sopratunica applicando sotto il tulle originale un nuovo tulle di nailon fermato alle cuciture con filo di cotone. Sul nuovo supporto sono stati fissati tutti i ricami e il tulle esterno nei punti in cui presentava lacerazioni. Anche le frappe delle maniche hanno dovuto, per le cattive condizioni, essere rinforzate con tulle nuovo.

Manifattura milanese di seta, merletto meccanico, ricamo in filo d'oro
e d'argento, perle e perline cannetées, jais, cordoncino laminato.
Fodere in seta e bemberg.
Ampiezza totale cm. 433 × 328.
Acquisizione: dono della Signora Fanny Podreider, Milano.
Inventari: G. A. A., n. 1347.

Mantello tagliato a forma di grande ala di pipistrello a sagoma
poligonale, centinato sui lati e desinente in ampio strascico
triangolare a tre piegoni. La struttura è costituita da lunghe bande
sezionate, in velluto verde e satin color oro vecchio, che dalle spalle,
intorno allo scollo ovale, si raccordano alla sezione inferiore, tagliata
in tre teli diagonali formanti piegoni, realizzati alternativamente in
velluto verde tenero e seta giallo cromo, che all'apice è ornato da un
grande motivo ricamato. Questo consiste in un decoro a rosoni, in
merletto meccanico color écru, con motivi floreali in filo di seta perlé
lavorato a fuselli e rinforzato da imbottitura, raccordati da barrette
picotées in filo d'oro. Sulle ali del manto e sul bordo dello scollo e dei
piegoni, ricami di applicazione in filo d'oro e d'argento a spirale,
scandite da bande in perline cannetées cangianti brunite che
collegano bottoni a perla centinati da cordoncino laminato, a punto
diviso. Gli inserti delle ali sono lumeggiati con perline cannetées
color oro vecchio.
Il rovescio è completamente foderato da tessuto bemberg,
recentemente sostituito alla fodera di seta, di cui restano alcuni
frammenti, insieme al nastrino originario, che doveva sostenere il
peso e contenere l'ampiezza dei piegoni. In corrispondenza col telo
centrale in seta gialla, la fodera originaria, in migliori condizioni, è
ulteriormente sostenuta all'interno da tessuto felpato, di cui restano
tracce, conservate durante l'intervento restaurativo attuale.
Questo sontuoso 'manto da corte', come è definito nella fotografia
che lo correda, è ispirato al noto disegno di manto del Pisanello
(Chantilly, Musée Condé), desunto dal prezioso repertorio di studi del
pittore sul costume femminile. Molto documentato, per le notizie che
lo riguardano, cfr. cat. n. 31.

Intervento di restauro: le guarnizioni di applicazione sono state
ripulite, e quindi consolidate; sono stati rinforzati i ricami e le cuciture.
Il mantello è stato spolverato e vaporizzato. La fodera, non originale
ed in cattivo stato, è stata sostituita con una nuova.

Manifattura veneziana Mariano Fortuny y Madrazo (?), inizio XX
secolo.
Crespo di seta, bottoni in vetro di Murano, cordoncino di seta.
Lunghezza totale cm. 138; maniche cm. 46; circonferenza orlo
cm. 157.
Provenienza: marchesa Amalia Venturi Ginori Lisci, Firenze.
Acquisizione: dono del Centro di Firenze per la Moda Italiana
Inventari: T. A. 1913, n. 1632.

Abito a tunica di linea sciolta, con maniche a chimono e scollo
rotondo. Chiusura sul dorso, con semplici ganci nascosti, fino alla
vita segnata sotto al seno da un cordoncino passato a coulisse entro
bottoncini a perlina, in vetro di Murano decorato bianco e marrone,
che sottolineano anche il sottomanica, riprendendone l'ampiezza del
chimono. L'abito in crespo di seta color reseda è decorato a stampa,
con motivi stilizzati floreali 'mordoré', a tralci verticali intermittenti.
Appartenuto a Giulia dé Marchesi Corsi di Roma (cat. n. 28) questo
modello è un esemplare caratteristico della produzione sartoriale di
Mariano Fortuny y Madrazo, nella linea sciolta del primo decennio del
Novecento, secondo le proposte lanciate da Poiret (vedi saggio
introduttivo *Dall'anonimo al firmato*), decorato con i famosi motivi a
stampa, nello stile floreale del tempo, che l'artista spagnolo
perfezionò prima a Parigi con lo stesso Poiret e poi a Venezia, nel
suo prestigioso atelier (anche cat. n. 34), ricollegandosi anche al
nuovo stile 'Reform' inglese, del vestito sciolto, e alla decorazione a
stampa dei tessuti, che si inseriva in un più ampio movimento
riguardante le arti minori e applicate, con motivi decorativi esotici,
intesi a depurare il gusto occidentale tradizionale e recuperando
l'antico da modelli arcaici.

Interventi di restauro: su questo esemplare non è stato eseguito
nessun particolare intervento di restauro.

Manifattura veneziana (firmato 'Fortuny'), 1911 ca.
Seta, bottoncini in vetro di Murano, cordoncino di seta.
Lunghezza cm. 132; spalle cm. 37; scollo cm. 30.
Provenienza: signora Elisabetta Rosai, Firenze.
Acquisizione: dono della Banca Toscana, Firenze.
Inventari: G. A. A., n. 1410.

Lunga tunica in seta pura color salmone, a fittissima plissettatura
'soleil', grande scollo a barca, ripresa sulle spalle, con raccordo di
cordoncino in seta sopracolore passato entro minuscoli bottoncini di
vetro di Murano, lungo i bordi laterali della tunica e le cuciture dei
fianchi. L'abito è corredato di cintura a nastro in seta, a motivi di
ramages grigi su fondo color salmone.
Questo pregiato esemplare è la famosa tunica 'Delphos', che
Mariano Fortuny y Madrazo (vedi il saggio introduttivo *Dall'anonimo
al firmato*) ideò, ispirandosi ai pepli delle sculture greche (in
particolare al celebre Auriga di Delfi), verso il primo decennio del XX
secolo, nel momento del recupero dell'arte classica, nella riscoperta
dei monumenti attici.
L'abito appartenne a donna Beatrice Bandinelli, sposata in seconde
nozze col cavalier Zuliani di Padova, che lo acquistò a Venezia nel
prestigioso atelier Fortuny, nel 1911.

Interventi di restauro: su questo esemplare non è stato eseguito
nessun particolare intervento di restauro.

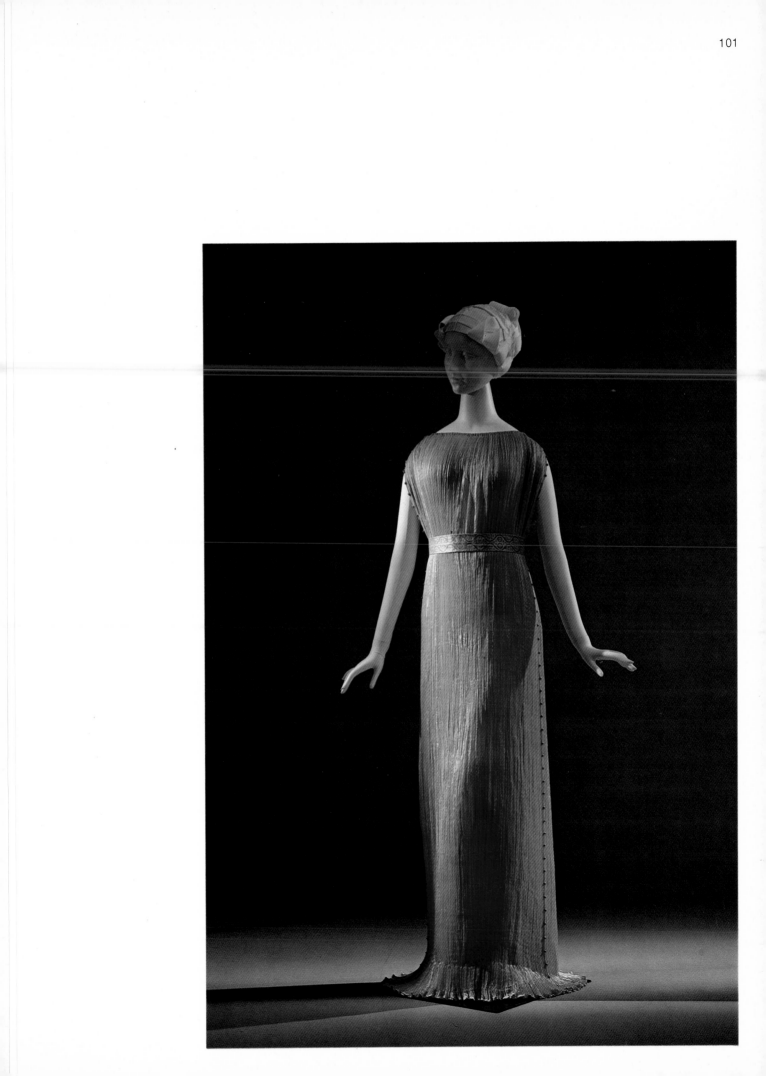

Manifattura fiorentina, su disegno di F. Vinea (1845-1902), 1887.
Raso con trame d'oro lanciate, velluto cesellato, pelliccia di lapin con code di ermellino. Fodera in seta.
Lunghezza totale anteriore cm. 140; posteriore cm. 160; spalle cm. 33; maniche cm. 59; giro-vita cm. 56; circonferenza orlo cm. 263.
Giornea: lunghezza anteriore cm. 160; posteriore cm. 215; spalle cm. 28; bordo ermellino (ogni lato) cm. 345.
Acquisizione: dono dei signori Giacomino e Giorgio Sarfatti, Siena.
Inventari: T.A. 1915, n. 1536.
Bibliografia: R. Orsi Landini,1982-83, pp. 155-158.

Dichiarato nella cronaca coeva 'splendido costume di dama del Trecento', è infatti un interessante esemplare di ricostruzione storica, composto di 'gamurra' in raso bianco a motivi floreali, eseguiti con trame d'oro lanciate, maniche lunghe con spalle 'bouillonnées', completo di giornea con strascico bordata di ermellino, realizzata in velluto cesellato rosso, con fondo a spina; fodera in seta color oro. L'abito si correda di cuffia all''hennin', delle madonne gotiche borgognone, nello stesso tessuto dell'abito. Tutto il completo, che fu confezionato su disegno del noto pittore Francesco Vinea (1845-1902), si rivela opera di interpretazione ottocentesca della moda del XIV secolo, per l'accentuazioni delle tipologie strutturali caratteristiche dell'ottavo decennio del secolo, quando le maniche vanno gonfiandosi 'à gigot' e il sellino prepotentemente rimpiazza la 'tournure', inarcuando le reni e colmando il seno.
Appartenuto alla Signora Paolina Levi, e pervenuto al museo per generosa donazione dei suoi nipoti , il costume è già stato esposto alla mostra *Città degli Uffizi* (Firenze, 1982-83, p. 318) al cui catalogo si rimanda per ulteriore informazioni (pp. 155-158).

Interventi di restauro: su questo esemplare non è stato eseguito nessun particolare intervento restaurativo.

Manifattura toscana (etichetta Galardi, Firenze), 1887.
Tessuto tipo gros marezzato, oro filato, fili in seta, mussola di
seta e cotone, garza di lino o canapa e seta, laminette metalliche,
cordoncino in metallo dorato, perline. Fodere in seta, satin e
tarlatana.
Lunghezza totale anteriore cm. 149; posteriore cm. 162; busto
cm. 38; spalle cm. 40; maniche cm. 65 (svasate per cm. 18);
giro-vita cm. 67; lunghezza gonna anteriore cm. 111, posteriore
cm. 135; circonferenza totale orlo m. 360.
Acquisizione: dono baroni Ricasoli Firidolfi, Firenze.
Inventari: G.A.A. 1431.
Bibliografia: A. Gotti, 1890.

Costume per Ballo Storico realizzato in pesante tessuto ad effetto
di gros marezzato, con trama supplementare in metallo dorato
filato, ricamato a motivi di gigli stilizzati, soli fiammeggianti e
leoni rampanti, in filo di seta écru a punto catenella. I leoni sono
ulteriormente delineati in color vinaccia, con teste e criniere
campite in seta écru ad effetto di velluto riccio e lingue risolte in
rosso. La struttura si compone di corpino aderente, tagliato in
fianchette sul dorso e mostre stondate con scollo quadrangolare
bordato di mussola di seta (cm. 4), irrigidita da cordoncino
metallico passato nell'orlo, per tenerlo eretto. Le mostre si
allacciano mediante un cordoncino in metallo dorato passante
entro piccole maglie ad anello, su un fondo costituito da un
inserto longitudinale, sagomato sul busto e a banda verticale
(cm. 6), per tutta la lunghezza dell'abito. L'inserto è realizzato in
tessuto a garza di lino o canapa color vinaccia, doppiato di
tessuto che internamente è color cremisi e esternamente in garza
con ordito di seta paglierino e trama di laminette metalliche
dorate. La lunga banda è ricamata in filo di seta policroma a
motivi geometrici stilizzati. Le maniche aderenti sono a
lunghissima guaina svasate a tromba rigida, con perfilatura di
perline. Sboffi sulle spalle e sotto ai gomiti in mussola bianca.
La gonna è larga, cucita in vita con pieghe sciolte, due anteriori,
dieci centrali posteriori, che si perdono nell'ampiezza della gonna,
maggiormente lunga dietro. Il corpino e le maniche sono
completamente foderati in seta bianca, le mostre sono rinforzate
con due teletti della stessa seta, che si allacciano sotto l'inserto
ricamato, mediante una fila di nove ganci, con maglie ad anello
corrispondenti (tre mancanti). La vita è internamente foderata con
nastrino in satin color oro, come la fascia che borda l'orlo
all'interno (cm. 10). La gonna priva di fodera, è infustita con
tarlatana bianca. All'interno, etichetta con la dicitura: 'Galardi
Assunta - Mode e Confezioni - Firenze'. L'abito è pervenuto
corredato delle scarpe originali. Il copricapo è replica.
Nella lista delle nobili signore che potrocinarono il Ballo Storico
del maggio 1887 e di cui si espongono altri tre esemplari indossati
in quella occasione (cat. nn. 36, 37, 38), compare la baronessa
Ricasoli (L'Illustrazione Italiana, II, numero straordinario, p. 19)
che, altrove, nella cronaca della serata è menzionata con questo
costume, con il riferimento a Ginevra de' Benci (Gotti, 1890, p.
166), ma evidentemente i motivi del tessuto riecheggiano piuttosto
quelli della giornea di Lucrezia Tornabuoni nell'affresco del
Ghirlandaio in Santa Maria Novella, mentre il ritratto leonardesco
della National Gallery non ha, del nostro vestito, che il semplice
'lacet', sul bustino di tessuto rosso. L'importante abito,
confezionato dalla Casa Galardi di Firenze, è vagamente ispirato
alle vesti delle madonne fiorentine del Quattrocento, ma nella
versione più sontuosa del Rinascimento maturo. Infatti il corpetto
attillato e chiuso da lacci, con scollo rettangolare e collaretta
eretta 'alla Medici', e la gonna che, tagliata in vita si apre in gonfie
pieghe, sono elementi strutturali da riferirsi agli inizi del XVI

secolo, e anche se le lunghe maniche aderenti con sboffi e
desinenti a tromba, furono prerogativa del XV secolo, l'esagerata
svasatura rigida, profilata da perle, dichiara l'evidente
interpretazione ottocentesca. La sontuosa stoffa ricamata a motivi
araldici vuole palesemente esemplarsi sui motivi dei tessuti del
primo Rinascimento, segnatamente fiorentino, per il giglio
stilizzato che compone il fondo decorativo.
La baronessa Giuliana Ricasoli Firidolfi nata Corsini, fu fotografata
in questo costume, volta di profilo e acconciata con una lunga
treccia, rara testimonianza e documento figurativo del suo tempo.

Interventi di restauro: su questo esemplare non è stato eseguito
alcun particolare intervento restaurativo.

Manifattura italiana, 1887, (balza inferiore precedente?).
Velluto e raso di seta, merletto in filo metallico dorato, passamanerie.
Lunghezza totale anteriore, cm. 130; posteriore cm. 146; corpetto
cm. 34; spalle cm. 40; maniche cm. 63; vita cm. 56; circonferenza
totale orlo cm. 456.
Acquisizione: dono dei marchesi Francobaldo e Giovanna Carrega
di Lucedio, Firenze.
Inventari: T. A. 1915, n. 1583.

Costume neo-rinascimentale in velluto rosso e raso color acqua,
composto di corpetto in velluto con draghi alati affrontati e sottana
guarnita da inserto centrale a balze alternate in raso e velluto
decorate in oro. Scollo quadrangolare bordato da ruche di raso color
avorio e merletto a fuselli a valve di conchiglia e a motivi geometrici
in filo metallico dorato; maniche a palloncino, trinciate, da cui sboffa
il raso delle sottomaniche che inguainano le braccia, arricciate da
coulisses longitudinali e desinente in ruche sul polso. L'ampia gonna
in velluto rosso è ricamata su un alto tratto del bordo in seta a punto
raso (piatto sfumato), nodini francesi alternati con ricami in filo
d'argento a punto steso, con diversi punti di fermatura a punto
passato su imbottitura, fili dorati e di seta applicati con vari punti di
fermatura; nappine di seta sono collocate agli angoli. Il decoro
floreale, a foglie di quercia con ghiande e campanule, si inserisce in
un più complesso disegno a volute geometriche e a cartigli, con
motivi 'à bizarre' di gusto composto a nastri, nappe, motivi floreali ed
elementi sinuosi. La gonna internamente è completamente infustita
con garza, che è rinforzata nel tratto corrispondente alla fascia
ricamata. Il bustino è irrigidito da sette stecche di balena e si chiude
allacciandosi sul dorso.
Il davantino è replica.
Questo abito fu confezionato in occasione del Ballo Storico, che si
tenne a Firenze nel salone dei Cinquecento, la notte tra il 14 e il 15
maggio 1887, alla presenza dei sovrani. I giornali, che ne parlarono a
lungo, notarono 'quelle gonne sulle quali rampavano leoni e draghi
affrontati araldici', come quelli che compaiono nei motivi del ricamo
di questo sontuoso costume. (Cfr. il saggio introduttivo Il Ballo
Storico). Il tema proposto era il primo Rinascimento fiorentino (secc.
XIII e XIV), mentre questo sembra piuttosto ispirarsi al lusso opulento
del pieno rinascimento, verso una data avanzata del Cinquecento
maturo, interpretando in soluzioni fastose ed esuberanze decorative
la linea sontuosa del XVI secolo, quando il corpetto si divide dalla
veste e questa si sdoppia nella 'sottana', ornandosi di innumerevoli
guarnizioni, sboffi, ricami e pietre preziose. Tale linea, che del resto
ben si accordava col gusto sovraccarico degli anni '80 dell'Ottocento,
è evidenziata nell'importante costume, che appartenne e fu indossato
dalla marchesa Emilia Carrega Bertolini, nata principessa Balbi di
Lucedio. Qualche anno fa fu rubato alla famiglia il ritratto della
marchesa Emilia indossante questo costume, acquerello del pittore
Cecrope Barilli (1839-1911). Gli stemmi delle famiglie Carrega e Balbi
figurano sulla facciata del Duomo di Firenze, rispettivamente a
sinistra e a destra della porta centrale.

Interventi di restauro: interventi di consolidamento ad ago delle
cuciture dell'abito, del ricamo, delle nappe, del merletto allo scollo e
alle maniche, impiegando filo di seta e gli stessi punti dell'originale.

Manifattura italiana o francese, 1870 ca.
Velluto e raso di seta, con fodera di taffetas, merletto meccanico, rosa in organza, bottone in metallo e smalto.
Frac: lunghezza totale cm. 82; spalle cm. 29 (spalline, cm. 7).
Gilet: lunghezza cm. 41; Gonna: lunghezza cm. 83; 'camargo' cm. 65; vita (regolabile) cm. 62-66
Feluca cm. 40x14.
Acquisizione: dono della duchessa Franca Visconti di Grazzano, Firenze.
Inventari: G. A. A., n. 1412.
Bibliografia: S. Ferrone, 1982.

Costume femminile da Arlecchino, di taglia piccola, costituito da: frac in velluto rosso a code di rondine, tagliato in fianchette e pieghe posteriori dall'intero, guarnite in punta da grosso bottone in metallo brunito, smaltato in blu e turchese (uno solo rimasto). Spalline ad aletta, guarnite di tulle meccanico color the, ricamato a punto smerlo e collo a fascetta, Tasche con patte sagomate, poste diagonalmente sotto ai fianchi. Gilet in raso di seta grigio-perla, ad ampio scollo tondo, con collettino sciallato, fermato in vita da sei bottoncini fasciati e rispettive asole a punto smerlo. Sottana in velluto rosso come il frac, con sopra-gonna 'camargo' più corta, in raso di seta a losanghe policrome nei colori blu, rosa-fucsia intenso, verde-mela, giallo-cromo, avorio e grigio-perla (di cm. 9x9), poste in tralice rispetto all'orlo, creando un motivo geometrico a punte sulla sottana inferiore. Dietro, il camargo è raccolto a 'puff', con lembi sciolti ricadenti, panneggiandosi a sboffo sui fianchi. Il costume si correda di feluca in feltro nero, guarnita con una rosa gialla di mussola (una analoga orna il bavero sinistro), e pon-pon doppio in piume di cigno con aigrettes rosa e celesti. Nella fodera interna di satin bianco, etichetta con la firma 'Mazzoni-Firenze'. L'abito è foderato in taffetas di seta cremisi e tela di lino color the, con lacci e tasca per sostenerne il sellino.
Il davantino e la ruche all'orlo sono repliche.
'Di solito le sottane sono due, una interna e una sovrapposta a taglio 'a gheroni', con la parte più larga in basso, in modo da poterla stendere piatta davanti, e dietro incresparla e sollevarla spesso con l'aiuto di un nastro, detto 'croupière'. Questa seconda gonna così panneggiata si ispira al rococò e viene chiamata 'a paniere', 'a puff', o 'alla Camargo''. (Levi Pisetzky, 1978, p. 329). Questa è quindi la moda delle gonne sollevate a sboffo sulla sottana, dette 'alla Camargo', che si diffuse verso gli anni '70 dell'Ottocento. La giovane Blanche de Larderel, che nella foto acquarellata conservata all'Archivio Storico Viessieux indossa il costume da Arlecchino qui esposto, sposò Emanuele Mirafiori, figlio legittimato di Vittorio Emanuele II e della contessa Rosina Mirafiori (nata Vercellana, la 'Bella Rosin'), nel 1872, a 16 anni. Considerate le misure ridotte del completo, sembra che esso possa essere stato confezionato per Blanche prima del suo matrimonio, quando ella era quindi ancora una ragazzina, il che giustificherebbe la piccola taglia, ma la misura della vita, rispettivamente elevata, fa presumere che il costume sia stato indossato successivamente. Il costume è stato esposto alla mostra del Fondo de Larderel-Viviani della Robbia, *Dalla storia di una famiglia in toscana (1841-1943): industria, nobiltà e cultura* (Firenze 1982-1983, n. 642; la foto colorata, n. 651 e altra b/n., n. 650). Il catalogo, a cura di Silvano Ferrone, contiene molti altri riferimenti a costumi con foto d'epoca e notizie sulle famiglie. Si veda anche fra gli altri l'articolo di Giorgio Zampa sul *Giornale* di Milano (del 19 dicembre 1982), relativo alla mostra.

Interventi di restauro: si sono rinforzati con filo di seta i punti scuciti. L'abito è stato spolverato. La fodera della gonna in vita è stata ricoperta; i bottoni della giacchetta sono stati sostituiti seguendo il modello originale. L'abito modificato nel passato, è stato riportato alle dimensioni originali, seguendo i segni delle antiche cuciture.

Manifattura Italia meridionale (Napoli?), 1750-1760.
Raso ricamato in oro filato, seta, canutiglia. Fodera in seta.
Lunghezza totale anteriore cm. 135; lunghezza totale posteriore cm.
110; spalle cm. 40; maniche cm. 48; scollo cm. 62, con bordo di cm.
2,5; orlo totale cm. 208.
Provenienza: prelazione anno 1923.
Acquisizione: acquisto dello Stato.
Inventari: T. A. 1913, n. 1117; Museo della Crocetta 1894, n. 7; Museo
Nazionale 1878, 'Oggetti Diversi', n. 13.
Bibliografia: M. A. Carlano, 1979, p. 36, n. 1

Abito femminile per uso liturgico costituito da una tunica
completamente aperta (da fermare con lacci) sul dorso e ripresa di
dieci pieghe verticali poste specularmente sul busto, a formare
corpetto e sciolte dalla vita sulla gonna. Questa è tagliata in quattro
teli dritti, di cm. 48 ognuno. Ampio scollo quadro arrotondato,
bordato, come le maniche e l'orlo della gonna, a fuselli in filo d'oro,
con motivi a valve di conchiglia. Maniche a tre quarti, tubolari (la
sinistra più larga, presumibilmente per consentire la piegatura del
braccio recante il Bambino).
L'abito è realizzato in raso color avorio, sontuosamente decorato a
motivi rocaille disposti in proporzione ascendente gradualmente
ridotta, nel recupero di stilemi decorativi stilizzati, a festoni, cartigli e
drappi con grosse nappe a rilievo, ricamati in oro filato, canutiglia e
laminette a punto steso, con differenti punti di fermatura che utilizzati
con fili diversi creano differenti effetti, a spina di pesce, a stuoia, a
punti orientali.
Lungo i bordi si dispongono fasce 'rocaille' in duplice banda a rilievo,
eseguite in punto piatto con imbottitura, articolate in volute che
sorreggono drappeggi e cesti di frutta con melograne, uva e spighe
di grano, di evidente allusione cristologica. Il fondo è disseminato di
fiori e foglie eseguiti in filo di seta a punto raso o piatto sfumato.
Corolle di fiori, rose, bocci e bacche, fiori di cardo, ireos, tulipani, tutti
eseguiti a nodini francesi e a punto passato; gli steli a punto diviso o
spaccato e punto erba o cordoncino obliquo. L'abito è interamente
foderato in seta. Lacci a stringa provvedono alla allacciatura sul
dorso.
Utilizzato per vestire una statua di Madonna, l'esemplare rivela, nei
moduli decorativi naturalistici, stilemi evidentemente desunti dal
repertorio pittorico di scuola napoletana, ormai codificato negli
epigoni di Luca Giordano, Giaquinto, De Mura, e al decorativismo di
area partenopea alla Gennaro Cappella, o al Coccorese e che
ricorda le composizioni floreali di Mario de' Fiori a Palazzo
Medici-Riccardi, nel frantumarsi del colore, nello sfumato e nel
cangiantismo tipico dei pittori naturisti, mentre al tempo stesso
l'impianto compositivo del sontuoso ricamo ripropone alcuni
elementi stilistici di influenza francese, ripetitivi di quelli 'alla Bérain',
nelle ceste, nei nodi e nelle ghirlande Louis XV e con l'inserimento dei
motivi floreali all'interno di ricchi cartigli a volute, che scandiscono in
ritmo simmetrico i moduli disegnativi dell'artista francese.
Tali elementi consentono di collocare l'esemplare in area meridionale
periferica, nonostante il buon livello qualitativo dell'esecuzione, e
quindi, anche per l'influenza francese, probabilmente manifattura di
convento napoletano tra il quinto e il sesto decennio del XVIII secolo.

Interventi di restauro: L'abito è stato accuratamente spolverato. Il
ricamo e le applicazioni sono state consolidate ad ago in alcune
zone dove si presentavano sollevate o più fragili.

Manifattura italiana (?), metà del XVIII secolo.
Broccato lanciato in argento, ricamato in seta, canutiglia e paillettes.
Lunghezza totale cm. 54; falde cm. 44; busto cm. 54; spalle cm. 34.
Provenienza: marchesa Adele Alfieri di Sostegno.
Inventari: T. A. 1913, n. 1094; Museo della Crocetta 1894, n.II.
Bibliografia: M. A. Carlano, 1979, p. 37, n. 3.

Elegante sottoveste maschile in tessuto broccato lanciato in argento
e ricamato in seta policroma. Privo di collo e maniche, il busto è a
tutta lunghezza, con fianchette laterali in 'gros de Tours' e falda
scampanata posteriormente. Mostra dritta, con tredici bottoni
ricoperti con canutiglia e filo d'argento. Il decoro lungo le mostre, i
bordi, e intorno alle patte sagomate delle tasche, sottolineate da tre
bottoni, si dispone in motivi floreali, tessuti a bouquets di bocci e
garofanini, sopra inserzioni di canutiglia e paillettes.
La fodera è in diagonale di seta, a righine trasversali.
Per le note relative all'evoluzione sartoriale dei gilets, vedi il saggio
introduttivo *Dall'anonimo al firmato*, p. 19.

Interventi di restauro: Sono stati eseguiti alcuni interventi ad ago, al
fine di consolidare alcune cuciture e gli occhielli.

Manifattura ignota, terzo quarto del XVIII secolo.
'Gros de Tours' e raso di seta ricamato in seta, fodere in tela di lino.
Lunghezza cm. 56; falda cm. 21; spalle cm. 29; tasche cm. 21.
Provenienza: mercato antiquario.
Acquisizione: acquisto dello Stato.
Inventari: T. A. 1913, n. 1387.

Sottoveste maschile in seta color salmone, senza collo né maniche;
mostra con dodici bottoni ricamati (uno mancante); taglio a
fianchette, in raso, e falde sfuggenti, con tasche a patta sagomata,
tutto bordato con tralcio nastriforme marrone, ricamato a motivi di
margherite bianche e azzurre. 'False-back' in tela di lino rossa, aperto
e formato con tre lacci. Fodera in tela di lino.
Per le note relative all'evoluzione sartoriale dell'esemplare, si
rimanda alla scheda di catalogo n. 41.

Interventi di restauro: su questo esemplare non è stato eseguito
nessun particolare intervento restaurativo.

Manifattura italiana (Veneto?), ultimo quarto del XVIII secolo.
'Gros de Tours' ricamato in seta, fodera in tela di lino e taffetas.
Lunghezza cm. 49; falde cm. 18x25; spalle cm. 31; tasche cm. 19.
Provenienza: casa Arrigoni degli Oddi.
Acquisizione: acquisto dello Stato.
Inventari: T. A. 1913, n. 1584.

Gilet in 'gros de Tours' color avorio, ricamato a motivi floreali
policromi lungo i bordi e sulle tasche, e disseminato di minuscoli
bouquets eseguiti a punto raso, punto piatto e punto erba a
cordoncino obliquo e nodetti francesi. Il gilet, piuttosto lungo, privo di
collo e maniche, è allacciato con otto bottoni e ha mostre a falda
tagliate in traverso sotto la vita, tasche laterali con patte sagomate,
poste diagonalmente.
'False-back' completamente aperto e fermato con lacci, in tela di lino
bianca, come la fodera, che presenta inserti in taffetas di seta.
Per le note relative all'evoluzione sartoriale dell'esemplare, si
rimanda alla scheda di catalogo n. 41.

Interventi di restauro: su questo esemplare non è stato eseguito
nessun particolare intervento restaurativo.

44. Gilet maschile

45. Gilet maschile

46. Gilet maschile

Manifattura italiana (Veneto?), ultimo quarto del XVIII secolo.
Taffetas di seta, ricamato in filo di seta; fodere in tela di lino.
Lunghezza cm. 38, con falde di cm. 19x26; spalle cm. 27; tasche
cm. 18.
Provenienza: casa Arrigoni degli Oddi.
Acquisizione: acquisto dello Stato.
Inventari: T. A., 1913, n. 1585.

Gilet in taffetas di seta écru, ricamato a fiori policromi; collo alto a
fascetta (cm. 5,5); mostra con dieci bottoni; taglio in vita e falde
traverse con tasche a patte sagomate. Dorso e fodera in tela di lino.
Sul busto e intorno alle tasche il ricamo, a mazzetti di fiori policromi, è
eseguito a punto piatto, punto raso e nodetti francesi, punto passato
a cordoncino obliquo. Sotto le patte delle tasche ghirlande di foglιette
nei colori rosa, verde e giallo.
Per le note relative all'evoluzione sartoriale dell'esemplare si rimanda
alla scheda di catalogo n. 41.

Intervento di restauro: su questo esemplare non è stato eseguito
nessun particolare intervento restaurativo.

Manifattura italiana (Veneto?), 1780 ca.
Raso di seta ricamato in filo di seta; tela di lino e cotone felpata.
Lunghezza cm. 44; falde cm. 15x25; spalle cm. 29; tasche cm. 18.
Provenienza: casa Arrigoni degli Oddi.
Acquisizione: acquisto dello Stato.
Inventari: T. A., 1913, n. 1586.

Gilet di raso di seta color avorio, abbottonato fin sotto alla vita con
dodici bottoni. Mostre diritte, linea aderente, tasche a patta laterali
sagomate in punta. Privo di maniche , ha breve collo a fascetta (cm.
4) e dorso in tela di lino e cotone felpato, parzialmente aperto, con
spacco di cm. 32 e nove occhielli affrontati, occorenti per la chiusura
mediante lacci (ora mancanti). Il gilet è ricamato a motivi policromi di
piccoli bouquets con miosotis e minuscoli fiori color prugna, guarniti
di foglioline verdi.
Per le note relative all'evoluzione sartoriale dell'esemplare si rimanda
alla scheda di catalogo n. 41.

Interventi di restauro: su questo esemplare non è stato eseguito
nessun particolare intervento restaurativo.

Manifattura italiana (Veneto?), 1800 ca.
'Pilor' ricamato in filo di seta, lino. Fodera in seta.
Lunghezza cm. 37; falde cm. 15x23; spalle cm. 28.
Provenienza: casa Arrigoni degli Oddi.
Acquisizione: acquisto dello Stato.
Inventari: T. A. 1913, n. 1587.

Gilet in 'pilor' color avorio ricamato in verde e azzurro sul collo alto a
fascetta (cm. 8), lungo le mostre con otto bottoncini, tagliate in
diagonale appena sul punto di vita, sulle patte e intorno alle tasche. Il
motivo, eseguito a punto piatto a cordoncino obliquo, punto raso,
punto passato e nodetti francesi, è quello tipico di stile impero, a
foglie di quercia ed olivo, nei colori azzurro e verde chiaro. Dorso in
lino con lacci, collo e mostre foderate in diagonale di seta.
Per le note relative all'evoluzione sartoriale dell'esemplare, si
rimanda alla scheda cat. n. 41.

Interventi di restauro: su questo esemplare non è stato eseguito
nessun particolare intervento restaurativo.

Manifattura italiana (?), XIX secolo.
Pelle scamosciata, bottoni in osso.
Lunghezza cm. 88x24 (al ginocchio); vita cm. 72.
Provenienza: marchesa Margherita Cosulich Malvezzi Campeggi,
Bologna.
Acquisizione: dono della Campionaria di Firenze.
Inventari: G. A. A., n. 1320.

Calzoni a coscia sportivi, in 'suède' color avorio, abbottonati con
cinque bottoni in osso e rimonto anteriore. Cintura a fascetta (cm. 5),
con cinturino posteriore fermato da un bottone. Spacchetti al
ginocchio (cm. 11,5), chiusi da lacci in tela.
Del tipo 'culottes' di foggia settecentesca, i calzoni aderenti
continuano ad usare per tutto il XIX secolo, realizzati in pelle per la
moda sportiva, specialmente per cavalcare, da indossare con gli alti
stivali in cuoio anche durante il giorno.

Interventi di restauro: su questo esemplare non è stato eseguito
nessun particolare intervento restaurativo.

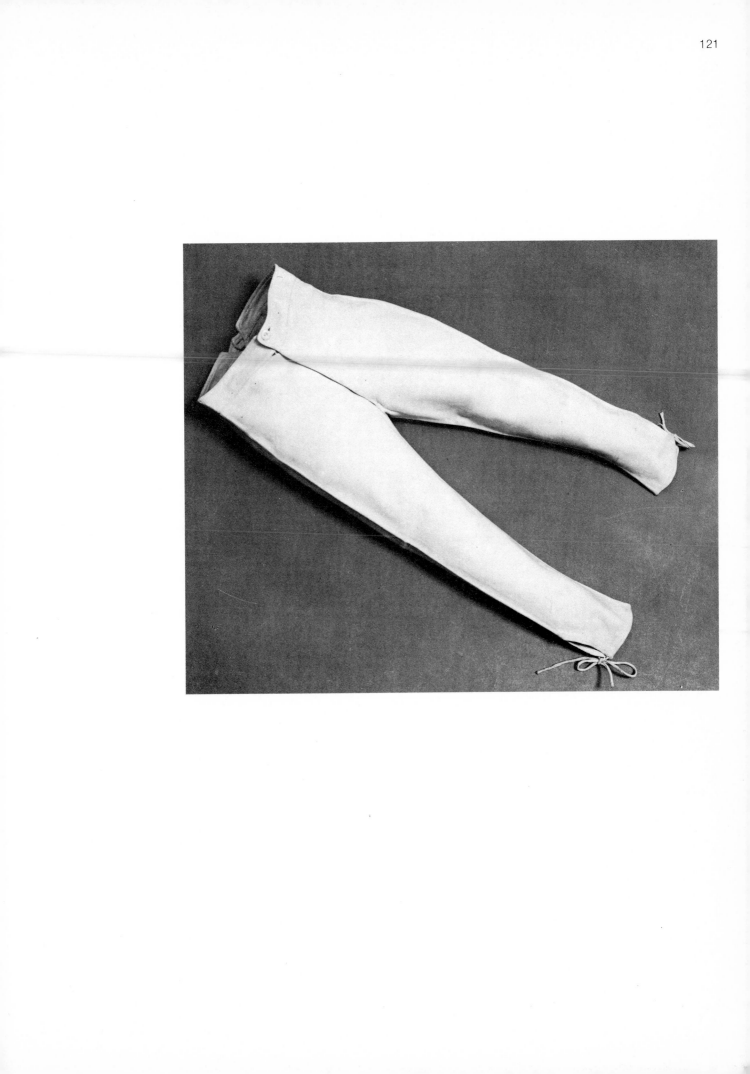

I termini tecnici per uso vestimentario italiani e stranieri, sono spesso intraducibili: in particolare quelli desunti dalla moda francese si sono largamente diffusi, conservandosi in lingua originale, per la generale influenza della Francia sulla moda internazionale, fin dall'epoca dell''habit de cour' di Luigi XIV. Pertanto i più correnti sono riportati nel testo senza apici.

agraffe (agraphe)

gancio; importante elemento di abbigliamento, che nell'Ottocento diventerà essenziale per tener sollevati gli strascichi.

aigrette

ciuffo, pennacchio, più tardi assimilato al termine *esprit* (cfr.), che caratterizzò la moda del primo Novecento.

andrienne

cfr. *plis watteau*

balayeuse

bordo di tessuto cucito in sopravanzo sotto l'orlo delle gonne lunghe, per proteggerle dalla polvere. Dalla più semplice striscia di tela, lana o ciniglia, la 'balayeuse' (spazzapolvere) poteva consistere di un ricco volano arricciato.

berthe

grande colletto piatto davanti, che avvolge le spalle (*berthe-châle*), in uso alla metà del XIX secolo.

bouillonné

arricciatura a pieghe gonfie, rotonde.

burlottino

bordatura o nervatura in forma di cordoncino tubolare imbottito.

cage

cfr. *crinolina.*

camargo

tipo di sopragonna da sollevare arricciata mediante il nastro *croupière* (cfr.).

canezou

il termine, nelle fogge di stile Impero indicava originariamente il breve corsetto con o senza maniche, con lembi anteriori da passare nella cintura, in seguito definì il grande collo a mantellina di periodo Romantico (canezou-pèlerine).

carré

definizione della falda squadrata nella veste maschile di foggia settecentesca attillata in vita e svasata cfr. *juste-au-corps.*

casimir

originariamente stoffa semplice, generalmente usata per l'abbigliamento maschile: tela di Marsiglia tipo cotone o lanetta leggera, più tardi assimilata al termine *cachemere*, qualificante il motivo orientaleggiante diffuso nei pregiati tessuti di lana, particolarmente usati per confezionare scialli.

châle (châll; schal)

scialle, grandi fazzolettoni in tessuti vari, ma specialmente in cachemere, da quelli indiani importati dalle Compagnie delle Indie, molto in voga in diversi periodi del XIX secolo, secondo una moda diffusa dall'Inghilterra, fin dagli ultimi decenni del Settecento.

cherusque

guarnizione dello scollo, che trae la sua origine dalla collaretta alla Ciro (collerette à la Cyrus) gala di trina eretta negli scolli feminili di epoca rivoluzionaria, rimasta nel costume di corte di periodo Impero.

ciré

tela gommata o cerata, impermeabile e lucida.

contouche

comoda veste da casa a grandi pieghe sciolte dalle spalle, in uso nell'abbigliamento femminile fin dai primissimi anni del Settecento.

costume

termine generico da definire nei vari termini: c. *tailleur*, o *tailor made*, abito femminile in due pezzi di taglio mascolino, importato dall'Inghilterra verso il 1888 (Redfern); *grand c.*, *petit c.*, indica l'abbigliamento più o meno elegante, da parata, o 'casual', per tutto il XIX secolo, fino all'epoca Louis XVI.

coude (à)

cfr. *paniers.*

coulisse

guina con laccio passante all'interno, per creare effetti di arricciatura.

coussin

imbottitura posteriore delle gonne settecentesche, che sarà poi il *puff*, *sellino* dell'Ottocento.

criade

sottogonna in tela gommata che fin dall'inizio del XVIII secolo serviva gonfiare la veste femminile, sostituita in seguito dai *paniers* (cfr.).

crinolina

all'origine tessuto di crine usato per infustire i colli delle divise militari impiegato per la confezione di sottogonne (*étoffe-crinoline*); in seguito perfezionata con una gabbia di stecche di balena e in seguito lame metalliche ricoperte di imbottitura (*cage-crinoline*, 1856 ca.). Dal 1867 ca la crinolina si dimezza, limitandosi all'ampiezza posteriore (*demi-crinoline*), più tardi sostituita dalla *tournure* (cfr.).

croupière

sistema di nastri per sostenere sollevata la gonna, arricciata sulla sotta na (cfr. *camargo*).

cul de Paris

così veniva volgarmente chiamato il sellino ottocentesco diffuso dalle mode di Francia.

culottes

calzoni maschili aderenti a coscia fino al ginocchio, in uso dalla seconda metà del XVII secolo (epoca Luigi XIV), per tutto il Settecento fino alla Rivoluzione, che li sostituì con il pantalone, simbolo della liberazione dall'ancien régime (dall'abito dei marinai marsigliesi, assurto a emblema libertario dai 'sanculotti', appunto). Ma le c. restano in auge a lungo durante il XIX secolo, per l'abbigliamento di gala o cerimoniale.

deshabillé

elegante vestaglia da casa diffusa nel XIX secolo.

drap

letteralmente tessuto, ma in uso italiano nel termine sartoriale per indicare una qualità pregiata di lana, adatta alla confezione di paletots o tailleurs.

echelle

letter. scala; serie di nastri intrecciati o paralleli (cfr. *lacet*), che allacciano il busto dell'abito femminile settecentesco, dallo scollo alla vita (cfr. *pièce d'éstomac*), nel colore dell'abito, o in contrasto con esso.

empiècement

termine ottocentesco usato anche in Italia, per indicare le applicazioni decorative in trina o ricamate che guarnivano lo sprone, lo scollo, la *guimpe* degli abiti.

engageantes

equivalente dell'*empiècement* dello scollo, relativo alle maniche, già dall'epoca di Louis Quatorze.

entràve

letter. impaccio, invenzione di Poiret del 1910 ca., consistente in un laccio o una strozzatura della gonna all'altezza delle caviglie, per affusolare la silhouette femminile, preludio alla *jupe-culotte* del 1912.

entre-deux

cfr. *falsatura.*

esprit

letter. spirito, anima; è la nervatura della piuma di airone, per guarnire i cappelli (cfr. *aigrette*), che fu di gran moda dal XIX secolo.

falbalas

falpalà, balzana, gala, volano arricciato.

falda

lembo inferiore del soprabito o della giubba, le due falde si chiamarono anche *compères*.

falsatura

striscia di ricamo o merletto inserita tra due parti del tessuto, chiamata infatti più elegantemente *entre-deux*, anche in Italia.

false-back

dall'inglese falso dorso, riferito infatti alla parte posteriore dei gilets, negli abiti maschili a marsina di tipo anglosassone, dove la sottoveste (o gilet) restava in vista solo anteriormente. Il false-back era generalmente realizzato in seta o semplicemente fodera con lacci.

fianchetta

teletto sagomato in forma per confezionare abiti aderenti.

fichu

fazzolettone in tessuto leggero per velare gli scolli settecenteschi, assai di moda dall'ultimo quarto del secolo, ma ancora usato nel secolo XIX, anche sugli abiti accollati. Il *f. en chemise* ricopriva completamente il busto, quasi a formare blouse.

fourreau

guaina, abito intero di foggia anglosassone.

frac

anche *fraque*, abito maschile negligé, desunto dalle mode anglosassoni dal 1767 ca., che rispetto alla marsina francese presenta le varianti del collo a revers e l'assenza delle tasche, oltre a una maggior ampiezza. Verso la metà del XIX secolo, il frac all'inglese subisce delle modifiche che ne faranno l'abito a code di gala e, particolarmente ornato, sarà il più elegante *french frock*.

fraise

lattuga in tessuto pieghettato; inamidata, fu la *gorgera* dei secoli precedenti al XVIII.

française (à la)

robe o *habit*, rispettivamente femminile e maschile, le vesti *à la française* sono i prototipi dell'abbigliamento europeo settecentesco, desunto dalla corte di Francia.

frisé

fittamente pieghettato, crespato.

gamurra

nome fiorentino di una veste femminile in uso soprattutto nel XV e XVI secolo.

gigot (à)

a prosciutto, riferito alle maniche gonfie sulle spalle che vanno riducendosi dall'avambraccio, aderendo al gomito e ai polsi: moda Luigi Filippo e fin de siècle, desunta dalla manica del Cinquecento maturo. Tradotta anche *coscia di montone*.

giubbone

indumento maschile che copriva il busto, in uso soprattutto nel XVI secolo; il nome è prevalentemente toscano.

giustacuore

farsetto attillato, corto alla vita, di epoca rinascimentale (in francese *pourpoint*, da non confondere col *justaucorps*, cfr.).

guimpe

in origine il termine indicava il *soggolo* medievale, poi riservato alle vedove e alle religiose. Alla fine del XIX secolo la guimpe si diffuse con la moda delle blouses e degli abiti a collo alto guarniti di trina, merletti e tulles ricamati, decorativi dei decolletés femminili.

juste-au-corps

justacorps, *waistcoat*, *giamberga*, *velada*, più tardi *marsina*, abito attillato in vita a larghe falde (*carré*), desunto dalle mode della corte di Louis XIV.

lacet

il laccio che compone l'echelle del *pièce d'estomac* (cfr.).

mameluk (à)

foggia di manica aderente, ma a sboffi sovrapposti, derivata dalle mode egiziane, diffuse in seguito alle campagne napoleoniche.

matinée

nome francese per un comodo indumento da casa diffuso nel XIX secolo.

moiré

marezzato, tessuto generalmente di seta trattato a pressa per ottenerne riflessi cangianti a motivi ondulati, in largo uso fin dall'antichità specialmente per tappezzerie e vesti cerioniali e liturgiche, l'antico *amuer* o *amoerro*, il *tabi* degli abiti rinascimentali.

nakarat

termine settecentesco per indicare il rosso vermiglio.

negligé

termine in uso dal Settecento per indicare un abbigliamento sportivo, il *casual* attuale, ma più tardi passato a significare l'abbigliamento intimo, da camera.

pagode (en)

foggia di manica svasata, maschile e femminile, in uso nel primo trentennio del XVIII secolo, poi ripresa nella moda del II Impero, con sottomaniche a sboffo, o a guaina, o con *engagéntes*.

panier

impalcatura in giunco per sostenere l'ampiezza della gonna sui fianchi, di massima diffusione nel XVIII secolo, fino alla Rivoluzione. I paniers ebbero varie definizioni, a seconda della forma e delle zone dove furono in uso. Tra i più noti quelli *double*, *à coudes* o *à la commoditè*, alti per poggiarvi i gomiti, appunto.

paramani

ampi polsi rovesciati e abbottonati alle maniche, nei justaucorps e nelle marsine del primo Settecento, successivamente semplici revers o polsi.

pièce d'estomac

in inglese *stomaker*: davantino, bustino, corpetto; parte anteriore del busto femminile, che allaccia le falde dell'abito, lasciando in vista la camicia sottostante. Nella moda di corte Luigi XIV il *p. d'e.* era quell'elemento triangolare, a forma di scudo rigido, da inserire tra i due *compères* del corsetto, anche di stoffa diversa, particolarmente ornato e ingioiellato, o guarnito da una serie di nastri a fiocco posti in ordine decrescente dallo scollo alla vita (*echelle*, appunto).

plis Watteau

termine erroneamente diffuso assimilando alla foggia il nome del pittore che largamente ritrasse l'abbigliamento femminile derivato dalla *countouche*, ampia veste a pieghe sciolte dalle spalle, *robe flottante* o *volante*, appunto, che si definì nell'abito settecentesco europeo, detto anche *andrienne*, o, più correttamente *robe à la française*, con pieghe piatte dalle spalle, a perdersi negli ampi paniers, fino al periodo pre-rivoluzionario e agli esiti di ancien régime.

polonaise (à la)

abito femminile in uso dal terzo decennio del XVIII secolo, di linea continua senza taglio in vita e con gonna rilevata sulla sottana, con tre drappeggi sollevati da coulisses; si apriva anteriormente sul gilet sottostante e aveva maniche *en sabot* con *engageantes* (cfr.).

pouf

imbottitura posteriore della gonna, diffuso successivamente alla *tournure*: anche *puff*, *coulisson*, *sellino* o *tasca* (*poche*), soprannominato *cul de Paris*, per la sua derivazione dalla Francia verso la fine del XIX secolo, fino al primo decennio del XX.

poulaines

specie di calzatura dalla lunghissima punta (scarpe à la poulaine), introdotta in Europa dall'Oriente tramite le crociate nei secoli XII e XIII; si affermò soprattutto con la moda borgognona.

quenille

conocchia, guarnizione con motivo affusolato, in uso nella moda Louis Philippe, verso il terzo decennio dell'Ottocento.

rhingrave

foggia di calzone largo, tipo sottana (*rhingrave-culotte*) del secolo XVII, ma conservato per uso cerimoniale, col nome di gonnellino *alla romana*.

rouleaux

motivo decorativo a imbottiture seriali, generalmente *à quénilles* sui bordi delle maniche e delle gonne di periodo Louis Philippe, fin verso il terzo decennio dell'Ottocento.

ruche

volant doppio arricciato o plissettato.

sabot (en, à)

tipo di manica che si apre dal gomito in *engageantes*.

sottana

gonna di sotto alla *soprana*, gonna di sopra, poi i due termini si assimilano, identificandosi nella sottana, unica gonna.

sottoveste

veste maschile portata sotto al *justaucorps*, prima che questo diventi il *veston*, o *marsina*, col *gilet*, prima *à manches*, poi limitato alle mostre con dorso semplice senza maniche e infine con *false-back*, strisce di fodera fermate con lacci. Più tardi, in pieno Ottocento, il termine si estenderà al capo di biancheria femminile, prima che anche questo diventi il *sottabito*.

tournure

succede alla *demi-crinoline*: sostegno posteriore della gonna, nella moda di fine Ottocento, presto soppiantata dal semplice *coulisson*, *pouff* (*puff*), *coussin*, *sellino* o *cul de Paris*.

tuino

soprabito maschile di linea ampia e diritta.

visite

mantello per signora, chiuso davanti e con fenditure per le braccia, più o meno sagomato e guarnito, in uso dalla seconda metà dell'Ottocento.

1598 C. Vecellio, *Habiti antichi et moderni di tutto il mondo*, Venezia.
1602 A. Tassoni, *Considerazioni sopra le rime del Petrarca*, Modena.
1665 T. Garzoni, *La Piazza Universale di tutte le Professioni*, Venezia.
1789 J. Brun, *Journal de la Mode et du Gout ou amusemens du salon et de la toilette*, Paris.
1829 J. Jackson, *The improved tailors aera*, London.
1837 G. Ferrario, *Il Costume antico e moderno*, Firenze.
1839 W. Walker, *Science complete in the art of cutting*, London.
1848 J. Couts, *A pratical guide for the tailors cutting-room*, London.
1853 Bernardino da Siena, *Prediche Volgari*, Siena.
1858 *Corriere delle Dame*.
1869-1873 *Il Corriere dei Sarti*.
1871 *Bazar*.
1871-72 *Il giornale delle Famiglie*.
1873 *L'Emporio Pittoresco. Illustrazione Universale*, a.X, n. 482, 23-29 novembre.
1875 *Il Tesoro delle famiglie*.
1875-76 *Giornale dei Sarti*.
1882 *Margherita*.
1887 *Diario delle feste fiorentine del maggio 1887*, Firenze, n. 9, 9 maggio; n. 16, 17 maggio.
L'Illustrazione Italiana, a. XIV, n. 21, 22 maggio; *id.* numero straordinario, II, maggio.
Monitore della moda, 28 maggio.
1890 V. Giraldi, *Di certe usanze delle gentildonne fiorentine nella seconda metà del secolo XVI*, Firenze.
A. Gotti, *Narrazione delle feste fatte in Firenze nel maggio 1887, per lo scoprimento della facciata di Santa Maria del Fiore*, Firenze.
1891 *Natura ed Arte*, I.
1893-94 *Donna di Casa*, a. I, n. 27; *Id.*, a. II, nn. 48, 51, 57, 69.
I merletti, in 'L'Italia Artistica e Industriale', a. I.
1897-1905 *L'Eco della Moda*.
1898 Th. De Dillmont, *Encyclopédie des Ouvrages des Dames*, Paris.
1900 C. Branduelles, *I ricami nuovi*, in 'La moda pratica', a. II, n. 14, 5 aprile.
I merletti colorati, in 'Moda pratica', a. II, 8 febbraio.
1902 C. Carnesecchi, *Cosimo I e la sua legge suntuaria nel 1562 (Donne e lusso a Firenze nel secolo XVI)*, Firenze.
1906-09 R. Genoni, *Per una Moda Italiana*, Milano.
1908-1925 *Art et décoration*, Paris.
1910 G. May, *Merletti Veneziani*, in 'Vita Femminile Italiana', a. IV, fasc. 3, marzo.
1911 G. Lepape, *Les Choses de Paul Poiret vues par Gerges Lepape*, Paris.
L'Illustrazione Italiana, a. XXXVIII, n. 27, 2 luglio.
H. de Balzac, *Traité de la vie élégante* (1ª ed. 1830), Paris, Bibliopolis.
1911-1916 *Le style parisien*, Paris.
1912 E. Bistort, *Il Magistrato delle Pompe della Repubblica di Venezia*, in 'Miscellanea di Storia veneta', edita per cura della 'R. Deputazione di storia patria', Venezia.
1912-1925 *Gazzette du Bon Ton*, Paris.
1920-1932 *Art Goût Beauté*, Paris.
1928 M. Symonds, *Needle Work Through the ages*, Hadder Stoughton, London.
1930 P. Poiret, *En habillant l'Epoque*, Paris.
1931 J. Evans, *Pattern a Study of ornament in Western Europe from 1180-1900*, Oxford.
J. Ruppert, *Le Costume*, Paris, voll. IV-V.
1933 A. Martini, *Moda 1790-1900*, Milano.
1943 A. Zimei, *L'Arte del Ricamo in Italia*, in 'Cellini', n. 7, marzo-aprile.
1946 R. Levy Pisetzky, *Merletti*, in 'L'Illustrazione Italiana', n. 20, maggio.
1952 J. L. Nevinson, *L'origine de la gravure de modes*, in 'Actes du I Congrès International d'Histoire du Costume', Venise.
1954 M. Proust, *A la récherche du temps perdu* (1ª ed. 1915-1927), Paris.
1955 J. Wilhelm, *Histoire de la Mode*, Paris.
1960 Y. Hackenbroch, *English and other Needlework, Tapestries and Textiles*, London.
1962 A. Bandera, *Note per la storia del ricamo e della trina*, in 'L'arte', Rivista di Storia dell'Arte, a. LXI, gennaio-giugno, XXVII, 1-2.
1963 M. Shuette-S. Christensen, *Il ricamo nella Storia e nell'arte*, Roma.
G. Wingfield Digby, *Elisabethean Embroidery*, London.
1965 F. Boucher, *Histoire du Costume en Occident de l'Antiquité à nos jours*, Paris.

1967 R. Barthes, *Système de la mode*, Paris (tr. it. Torino 1970).
1969 C. Briganti, *Curioso itinerario delle collezioni ducali parmensi*, Milano.
M. Eirwen Jones, *History of Western Embroidery*, London.
N. Elias, *Uber den Prozess der Zivilisation. I. Wandlungen des Verhaltens in den Werlichen Oberschichten des Abendlandes*, Frankfurt.
L. Kubalowà, O. Hertenovà, M. Lamarovà, *Enciclopedia illustrata del Costume* (1ª ed. 1966), Milano.
Appenino, catalogo dell'Asta Sotheby's, Firenze (Villa Demindoff).
1970 M. Fossi, *Catalogo del fondo di Pasquale Pocciani*, in 'Antichità Viva', n. 6, pp. 26-38.
1971 E. Sigurtà, *Lineamenti psicologici nella moda maschile*, in 'Psicologia del vestire', Milano.
1972 E. Charles-Roux, *Coco, l'Irrégulière*, Paris.
1973 S. Eriksen, *Porcellane francesi a Palazzo Pitti*, Firenze.
A. Garzelli, *Il ricamo nell'attività artistica di Pollaiolo, Botticelli, Bartolomeo di Giovanni*, Firenze.
1973-74 M. Conti e altri, *Romanticismo storico*, catalogo della mostra, Firenze.
L. Zangheri e altri, *Pasquale Pocciani architetto, 1774-1858*, catalogo della mostra, Bibbiena.
1974 F. Borsi, G. Morolli, L. Zangheri, *Firenze e Livorno e l'opera di Pasquale Pocciani nell'età granducale*, Roma.
A. Black-M. Garland, *Storia della Moda*, Novara.
J. Cain, *Poiret le Magnifique*, Paris.
1975 N. Elias, *Die Hofische Gesellschaft*, Darmstadt-Neuwied.
B. Rudofsky, *Il corpo incompiuto, Psicopatologia dell'abbigliamento*, Vicenza.
1976 C. Baudelaire, *Le peintre de la vie moderne (1868)*, in 'Oeuvre Complètes', Paris, vol. II.
W. Justema, *Pattern: A Historical Panorama*, London.
J. Robinson, *Arte e moda nel '900*, Novara.
E. Sapir, *Che cosa è la moda*, in 'Sociologia dei fenomeni di moda', Milano.
1977 AA.VV., *La Belle Epoque*, Milano.
M. Vannucci, *Il mondo era in città, mezzo secolo in posa*, Milano.
1978 M. Abegg, *A propos Patterns, for Embroidery, Lace, and Woven Textiles*, in 'Schriften der Abegg Stifung', Berna.
R. Levi Pisetzky, *Il Costume e la Moda nella società italiana*, Torino.
1979 M.A. Carlano, S. Pinto e altri, *Curiosità di una reggia. Vicende della Guardaroba di Palazzo Pitti*, Firenze.
1980 M Bucci, *Costumi del XVIII e XIX secolo*, catalogo della mostra, Lucca.
G. Piersanti, *Constantin Guys, il pittore della vita moderna*, catalogo della mostra, Roma.
M. Ginsburg, *An Introduction to Fashion Illustration*, London.
D. de Marly, *The history of Haute-Couture, 1850/1950*, London.
1981 G. Butazzi, *Moda/Arte/Storia/Società*, Milano.
M. Delbourg-Delphis, *Le chic et le look*, Paris.
Aspesi (a cura di), *Storia della moda* (ristampa anastatica di *Storia delle Mode*, Milano, 1854), Milano.
AA.VV. *La Mode au parc Monceau, Époque Napoléon III*, catalogo della mostra, Paris.
1982 R. Orsi Landini e altri, *La città degli Uffizi. I Musei del futuro,*, catalogo della mostra, Firenze.
S. Ferrone, *Dalla storia di una famiglia in Toscana (1841-1943): industria, nobiltà e cultura*, catalogo della mostra, Firenze.
G. Zampa, in *Il Giornale*, Milano, 19 dicembre.
1982-83 M. Delpierre, *Uniformes civils, cerimonial circostances 1750-1980*, catalogo della mostra, Paris.
1983 U. Capelletti, in *La Nazione*, Firenze, 3 luglio.
A. D'Agliano, S. Eriksen, S. Tabakoff, *Porcellane dell'Ottocento a Palazzo Pitti*, catalogo della mostra, Firenze.
A. Cambedda, N. Cardano, G. Chesne Dauphiné Griffo e altri, *Roma Capitale, 1870/1911; I Piaceri e i Giorni, la Moda*, catalogo della mostra, Roma.
G. Chesne Dauphiné Griffo e altri, *Urbino e le Marche prima e dopo Raffaello*, catalogo della mostra, Urbino. (In corso di pubblicazione).
s.d. (1978 post.) *The royal armoury*, Livrustkammaren, Stockholm, catalogo del museo.
s.d. R. Genoni, *La storia della moda attraverso i secoli*, Bergamo.
s.d. G. Ubicini Cattaneo, *Enciclopedia dei Lavori Femminili*, Milano.

Cenni bibliografici generali
a cura di Giuliana Chesne Dauphiné Griffo

Dizionari, enciclopedie, testi di riferimento bibliografico:

1751-1765 D. Diderot-Le Rond d'Alembert, *Encyclopédie*, Paris.
1951 M. Leloir, *Dictionnaire du costume et ses accessoires, des armes et des étoffes des origines à nos jours*, Paris.
1959 *Waffen-Und Kostumkünde*, Zeitschrift der Gesellschaft für historische Waffen-und Kostumkünde, München.
1960 C.W. e P. Cunnington-C. Beard, *A Dictionary of English Costume, 900-1900*, London.
1974 P. Anthony e J. Arnold, *Costume* (1966), London.
s.d. Laurousse-Boyer, *Grand dictionnaire universel du XIX siècle*, Paris.

Riferimenti letterari:

1846 P. Gavarni, *Oeuvres choisis*, Paris.
1911 H. de Balzac, *Traité de la vie élégante* (1830), Paris.
1954 M. Proust, *A la récherche du temps perdu* (1915-1927), Paris.
1956 J. e E. de Goncourt, Journal. Mémories de la vie littéraire (1858) Paris.
1976 C. Baudelaire, *Oeuvres complètes* (1868), Paris, voll. 2.

Manuali e testi di consultazione generale :

1782-1788 S. L. Mercier, *Tableau de Paris*, Amsterdam, voll. 12.
1875 J. Etienne-J. Quicherat, *Histoire du Costume en France depuis les temps les plus reculés jusqu'à la fin du XVIII siècle*, Paris.
1875-1888 A. Racinet, *Le Costume Historique*, Paris, voll. 6.
1931 J. Ruppert, *Le Costume*, Paris, voll. 5.
1933 A. Martini, *Moda 1790-1900*, Milano.
1936 N. Truman, *Historic Costuming*, London.
1952 C. W. Cunnington, *Handbook of English Costume*, London, voll. 5.
1955 J. Wilhelm, *Histoire de la Mode*, Paris.
1963 C. Köhler, *A History of Costume*, New York.
1964-1969 R. Levi Pisetzky, *Storia del Costume in Italia*, Milano, voll.5.
1965 F. Boucher, *Histoire du Costume en Occident de l'Antiquité à nos jours*, Paris.
1968 M. Davenport, *The book of Costume* (1948), New York.
1969 L. Kubalowà, O. Hertenovà, M. Lamarovà, *Enciclopedia illustrata del Costume*, (1966), Milano.
1973 J. Arnold, *A handbook of Costume*, London.
1978 A. Black-M. Garland, *Storia della Moda*, Novara.
1978 R. Levi Pisetzky, *Il Costume e la Moda nella società italiana*, Torino.
1980 M. Ginsburg, *An Introduction to Fashion Illustration*, London.
1981 *Storia della Moda*, a cura di N. Aspesi (ristampa anastatica di *Storia delle Mode*, Milano, 1854), Milano.

La produzione industriale e le tecniche, sartorie, grandi magazzini:

1878 M. Bourdon, *La machine à coudre*, Lille-Paris.
1906 A. Aftalion, *Le Développement de la fabrique et le travail à domicile dans les industries de l'habillement*, Paris.
1923 P. Vidal, *Histoire de la Corporation des travailleurs d'habits de la ville de Paris d'après des documents originaux*, Paris.
1960 H. Vanier, *La Mode et ses Métiers, Frivolités et Luttes de classes, 1830-1870*, Paris.
1972 J. Arnold, *Patterns of Fashion. Englishwomen's dresses and their construction*, I, *c. 1660-1860*; II, *c. 1860-1940*, (1964-1965), London, voll. 2.
1979 B.Marrey, *Les grands magasins*, Paris.
1980 D. de Marly, *The History of Haute Couture, 1850-1950*, London.
1981 P. Perrot, *Il sopra e il sotto della borghesia. Storia dell'abbigliamento nel XIX secolo*, Milano.

Testi relativi ad argomenti specifici:

1823 s.a. *Cravatiana*, Paris.
1827 E. de L'Empesé, *L'Art de mettre sa cravate*, Paris.
1828 s.a. *Code de la Cravate*, Paris.
1840 s.a. *Physiologie du tailleur*, Paris.
1841 G. Guénot-Lecointe, *Physiologie du gant*, Paris.
1847 Madame S*** *Physiologie du corset*, Montpelliers.
1855 C. Roux, *Contre le corset*, Paris.
R. de Lamorillière, *Crinolines et volants*, Bordeaux.
1893 H. Clouzot, *Le Corset dans l'art et les moeurs du XIII au XX siècle*, Paris.

1906 P. Dufay, *Le pantalon féminin*, Paris.
1951 C. Willet e P. Cunnington, *The history of underclothes*, London.
1978 E. Ewing, *Dress and undress; a history of women's underwear*, London.
C. Walkey - V. Foster, *Crinolines and Crimpin Irons*, London.
1980 A. Mansfield, *Ceremonial Costume*, London.
A. di Stefano, *Histoire des insignes et des costumes des sénateurs*, Paris.
A. di Stefano, *Histoire des insignes et des costumes des sénateurs*, Paris.
1982-1983 M. Delpierre, *Uniformes civils, ceremoniäl circustances, 1750-1980*, Paris.

Testimonianze autobiografiche, biografie:

1889 Madame Carette, *My Mistress, the Empress Eugénie; or, Court Life at the Tuileries*, Paris.
1895 H. Bouchot, *La toilette à la Cour de Napoléon (1810-1815)*
G. Worth, *La Couture et la Confection des vêtements de femme*, Paris.
1904 P. Bologna, *Stefano Bertolini, jureconsulto e statista toscano del secolo XVIII*, estratto dalla 'Rassegna Nazionale', Firenze.
1906 U. Ojetti, *L'Arte nell'Esposizione di Milano*, Milano.
1906-1909 R. Genoni, *Per una Moda Italiana*, Milano.
1908 R. Genoni, *Rivendicazioni femminili nella Moda*, in 'Vita d'Arte', Siena, pp. 202 sgg.
1909 R. Genoni, *A proposito della Moda Italiana*, in 'Il Marzocco', Firenze, 12 settembre.
1911 P. de Nouvion-E. Lies, *Un ministre des modes sous Louis XVI-Mademoiselle Bertin, marchande de Robes à la Reine 1747-1813*, Paris.
E. Langlade, *La Marchande de modes de Marie-Antoinette, Rose Bertin*, Paris.
1922 Princess P. de Metternich, *Souvenirs 1859-1871*, Paris.
1928 Princesse Bibesco, *Nonlesse de robe*, Paris.
J. P. Worth, *A Century of Fashion*, Boston.
1930 P. Poiret, *En habillant l'Epoque*, Paris.
1931 M. Dormoy, *Jacques Doucet*, Abbéville, Paris.
1974 J. Cain, *Poiret le Magnifique*, Paris.
1979 N. Thornton, *Poiret*, London.

Cataloghi mostre e musei, esposizioni, atti convegni:

1906 E. A. Marescotti, *Milano e l'Esposizione Internazionale del Sempione 1906*.
1906 A. Picard, *Exposition Universelle Internationale de 1900 à Paris: le bilan d'un siècle (1801-1900)*, Paris.
1955 *Atti del I Congresso Internazionale di Storia del Costume*, Venezia.
1959 G. Ekstrand, *Karl X Gustavus dräkter*, Livrustkammaren, Stockholm.
1972 M. Delpierre, *Costumes historiques*, I Bulletin du Musée Carnevalet, Paris.
1973 Z. Halls, *Coronation Costume*, 1685-1953, London.
1977 A. Mottola Molfino-M. T. Binaghi Olivari, *I pizzi: Moda e Simbolo*, Milano.
1978 S. Fuso, S. Mescola, I. Zannier, *Immagini e materiali del laboratorio Fortuny*, Venezia.
1980 M. Bucci, *Costumi del XVIII e XIX secolo*, catalogo della mostra, Lucca.
G. Piersanti, *Constantin Guys, il pittore della vita moderna*, Roma.
Mariano Fortuny 1871-1949, catalogo della mostra, Brighton.
1981 'La Mode au Parc Monceau, Epoque Napoléon III', catalogo della mostra, Paris.
1982 D. Davanzo Poli, G. Butazzi, A. Mottola Molfino, *Diafano Capriccio, i Merletti nella Moda*, Burano.
1983 AA.VV. 'Roma Capitale 1870-1911, I Piaceri e i giorni, la Moda', catalogo della mostra, Roma.
A. Steen, *Vanity Fair, 300 years of fashion clothing*, catalogo della mostra, Trondeheim.
s.d. *The Royal Armoury*, Livrustkammaren, Stockholm, catalogo del museo, dopo il 1978.
s.d. Museo de Indumentaria, *Colecion Rocamora*, Barcellona.

Stampa di moda, illustrazioni, riviste:

1678 Donneau de Vizé, *Le Mercure Galant*.
1680-1715 H. Bonnart, *Recueil de Modesté*, Paris.
1720 J. A. Watteau, *Enseigne de Gersaint*, Berlin.
1729 *Mercure de France*.
1789 J. A. Brun, *Journal de la Mode et du Gout ou amusemens du salon et de la toilette*, Paris.
1794-1802 N. Von Heideloff, *The Gallery of Fashion*, London.
1797 *La Mésangère, Journal des dames et des Modes*, Paris.
1800 *Costume Parisien*.
1806-1839 *Corriere delle Dame*.
1810-1818 H. Vernet, *Incroyables et Merveilleuses* (testo di R. A. Weigert), Paris.
1818 *Wiener Moden*.
1825-1864 *Petit Courrier des Dames*.
1837-1841 *Charivari*.
1842-1845 E. de Girardin, *La Mode*, Paris.
1842-1857 *The Illustrated London News*.

1845 *Le Bon Ton*.
1849-1876 *Giornale dei Sarti*.
1850 *Journal des Dames*.
1860-1863 *Journal des Demoiselles*.
1861-1864 *La Mode Illustrée*.
1862 *Courrier des Dames*.
1867-1874 *Mondo Elegante*.
1869 *Le Moniteur de la Mode*.
1870-1873 *L'Emporio Pittoresco. Illustrazione Universale*.
1871-1887 *Il Monitore della Moda*.
1873 *Economia e Buongusto*.
1878-1903 *Margherita*.
1883-1937 *L'Illustrazione Italiana*.
1895-1900 *L'Art et la Mode*.
1908 *Les Robes de Paul Poiret racontées par Paul Iribe*, Paris.
1908-1925 *Art et Decoration*, Paris.
1911 *Les choses de Paul Poiret vues par Georges Lepape*, Paris.
1911-1916 *Le style parisien*, Paris.
1912-1925 *Gazette du Bon Ton*, Paris.
1920-1932 *Art Goût Beauté*, Paris.
1923-1924 C. Maumené, *Petits Graveurs de Portraits de la Cour de Louis XIV*, in 'Amateur d'estampes'.
1937 R. A. Weigert, *Jean I Bérain*, Paris.
1960 C. H. Gibbs-Smith, *The fashionable Lady in the 19th Century*, London.
1961 S. Blum, *Victorian fashions & Costume from Harper's Bazar 1867-1898*, New York.
1976 S. Blum, *Designs by Erté, fashion drawings and illustrations*, New York.
1981 A. Gernsheim, *Victorian & Edwardian Fashion, a photographic survey* (1963), New York.

Analisi strutturali socio-antropologiche:

1834-1843 AA.VV., *Nouveau Tableau de Paris au XIX siècle*, Paris.
1841-1843 AA.VV., *Les Français peints par eux-même*, Paris.
1852 E. Texier, *Tableau de Paris*, Paris.
1854 T. Delord, A. Frémy, E. Texier, *Paris Viveur*, Paris.
1857 A. Debay, *Hygiène vestimentaire*, Paris.
1858 T. Gautier, *De la Mode*, Paris.
1860 A. Frémy, *Les Moeurs de notre temps*, Paris.
1865 E. Kerckhoff, *Le Costume à la Cour et à la ville*, Paris.
1866 H. Despaigne, *Le Côde de la Mode*, Paris.
1872 G. H. Darwin, *Development in Dress*, in 'MacMillans' Magazine', London.
1873 E. Feydeau, *L'Art de plaire, Etudes d'hygiène, de goût et de toilettes*, Paris.
1877 H. Spencer, *Les manières et la Mode*, in 'Essai de morale de science et d'esthétique', Paris.
1883 G. Prévost, *Le Nu, le Vêtement, la Parure chez l'homme et chez la femme*, Paris.
1890 G. Tarde, *Les lois de l'imitation*, Paris.
1893 O. Uzanne, *La Femme et la Mode*, Paris.
1902 W. Sombart, *Wirtschaft und Mode, ein Beitrag zur Theorie der modernen Bedarfsgestaltung*, Wiesbaden.
1905 G. Simmel, *Philosophie der Mode*, Berlin.
1907 W. M. Webb, *The heritage of Dress*, London.
1911 L. Maigron, *Le Romantisme et la Mode*, Paris.
1919 A. L. Kroeber, *On the Principle of Order in Civilization as Exemplified by Changes of Fashion*, in 'American Anthropologist', voll. XXI, pp. 235-263.
1930 J. C. Flugel, *The Psychology of Clothes*, London.
1940 J. Richardson, *Three Centuries of Women's Dress Fashion: a Quantitative Analysis*, in 'Anthropological Records', n. 2, vol. 5, pp. 111-154.
1945 G. Calvino, *Sermon où il est montré quelle doit être la modestie des femmes en leur habillements* (1561), Genève.
1947 M. Weber, *Wirtschaft und Gesellschaft*, Tübingen.
B. Rudofsky, *Are Clothes Modern?*, Chicago.
1953 E. Bergler, *Fashion and The Unconscious*, New York.
1955 F. Boucher, *Les conditions de l'aparition du costume court en France vers le milieu du XIV siècle*, in 'Recueil de travaux offerts à M. Clovis Brunel', Paris, pp. 183-192.
1957 R. Barthes, *Histoire et Sociologie du vêtement*, in 'Annales E.S.C.' n. 3, pp. 430-441.
1959 L. Langner, *L'Importance d'être vêtu*, Paris.
1966 A. Young, *Recurring Cycles of Fashion, 1760-1937* (1937), New York.
1967 R. Barthes, *Système de la Mode*, Paris.
1968 Brantôme, *Dames Galantes*, Lausanne.
1969 R. Koenig, *Sociologie de la Mode*, Paris.
1971 T. Veblen, *La teoria della classe agiata*, Milano.
Alberoni-Eco-Dorfles, *Psicologia del vestire*, Milano.
1974 A. Martinet, *La fonction sexuelle de la mode*, in 'Linguistique', n. 10, pp. 5-19.
1976 Y. Deslandres, *Le Costume, Image de l'homme*, Paris.
1977 F. Braudel, *Capitalismo e civiltà materiale*, secc. XV-XVIII, Torino.
AA.VV. *La Belle Epoque*, Milano.
1978 P. Polhemus-L. Procter, *Fashion and Anti-fashion. An Antropology of Clothing and Adornement*, London.

1979 M. A. Descamps, *Psichosociologie de la mode*, Paris.
1980 N. Elias, *La Società di Corte*, Bologna.
R. Kempf, *Dandies, Baudelaire e amici*, Milano.
1981 R. Barthes, *Elementi di semiologia*, Torino.
M. Delbourg-Delphis, *Le chic et le look*, Paris.
G. Butazzi, *Moda/Arte/Storia/Società*, Milano.

Archivio di Stato di Firenze

Copia rappresentanze dirette a S.A.R. con le rispettive approvazioni e risoluzioni della Guardaroba Generale, 1789-1799. IRC 2168.

Filza quinta dei Negozi della Segreteria della Corona, 1790. IRC 106.

Inventario dei Mobili e Biancheria del Real Palazzo Pitti, 1802-1808. IRC 1399-1400.

Inventario dei Mobili e Biancheria dell'Imperiale e Real Palazzo Pitti, alla consegna del Guardaroba Medesimo, 1809-1812. IRC 1404.

Filza seconda di Affari della Conservazione dei Palazzi della Corona in Toscana, 1809. IRC 2737.

Fabbriche 2100, Ordini e Rescritti, Busta 118, 1 bis.

Palazzo Pitti, Firenze

Ordini e Affari 1867, Cartella 25, Ordini e documenti diversi riguardanti l'Ammobiliamento del Quartiere della Meridiana.

M.P.P. 1860, Inventario del Mobiliare Estimativo esistente nel Real Palazzo Pitti.

M.P.P. 1872, Inventario del Mobiliare Estimativo esistente nel Real Palazzo Pitti in dotazione della Corona, 1872.

M.P.P. 1911, Inventario dei Mobili di Palazzo Pitti di dotazione della Corona, 1911.